AF413208

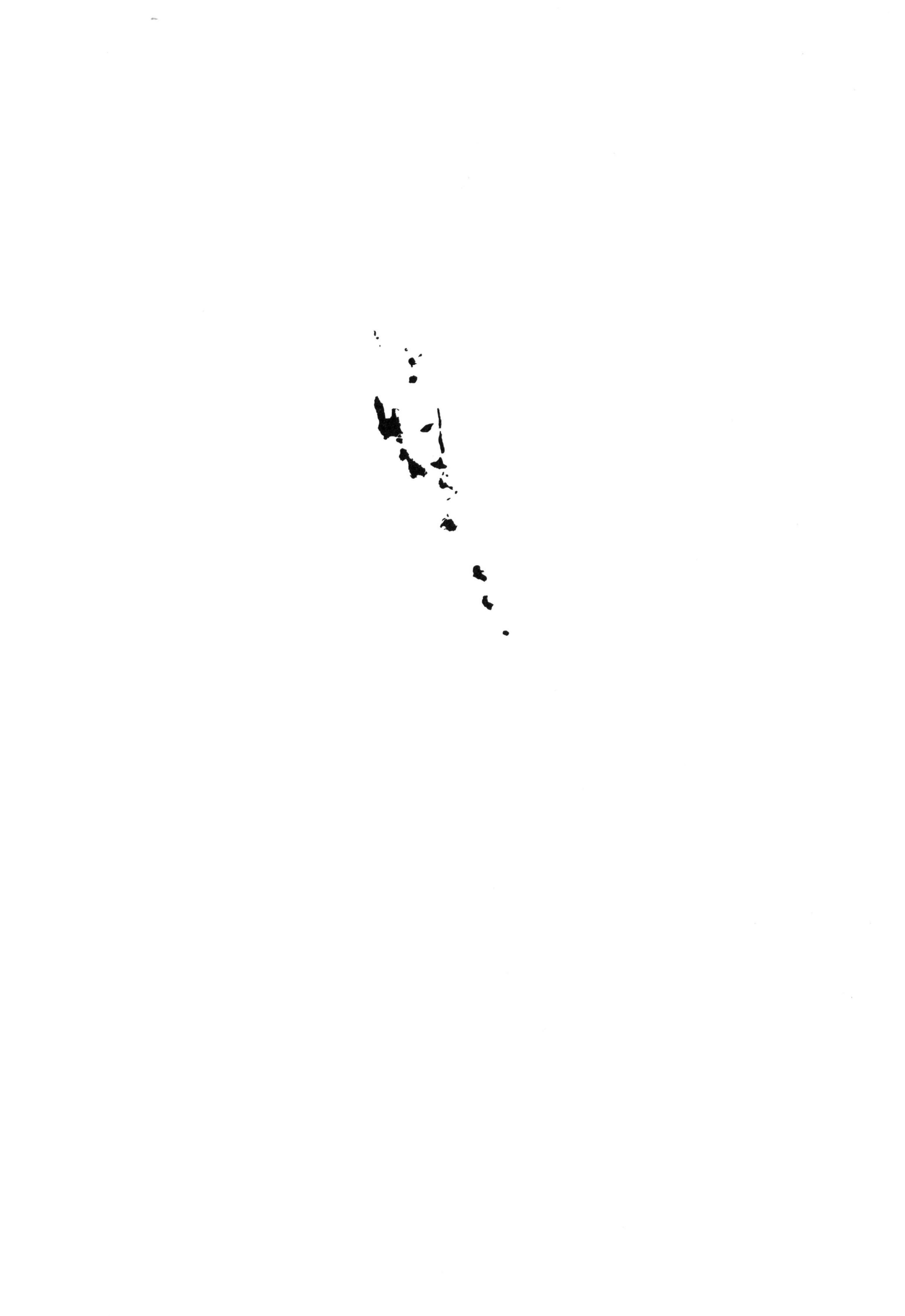

Bernard Sabrier
Vanuatu

Steidl

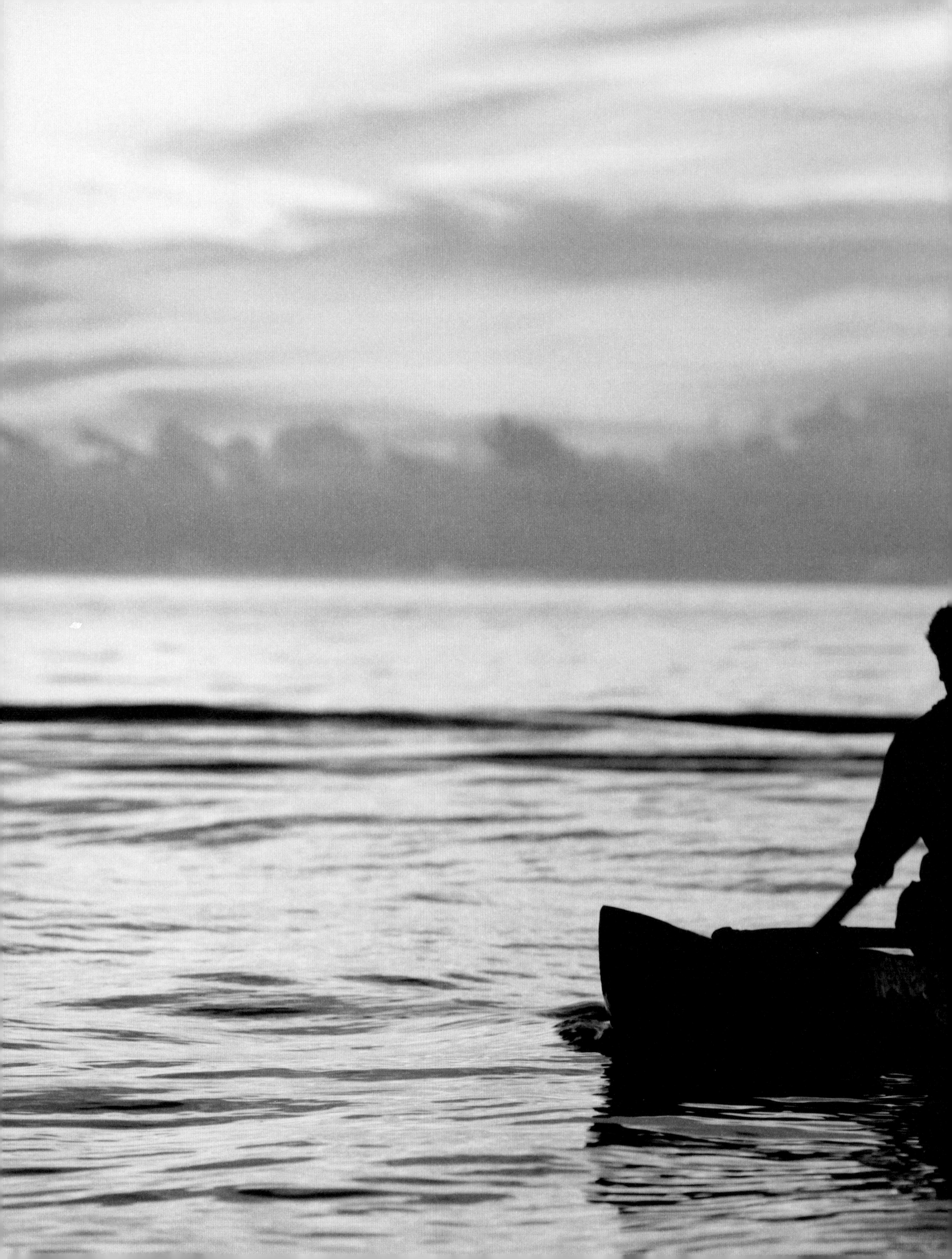

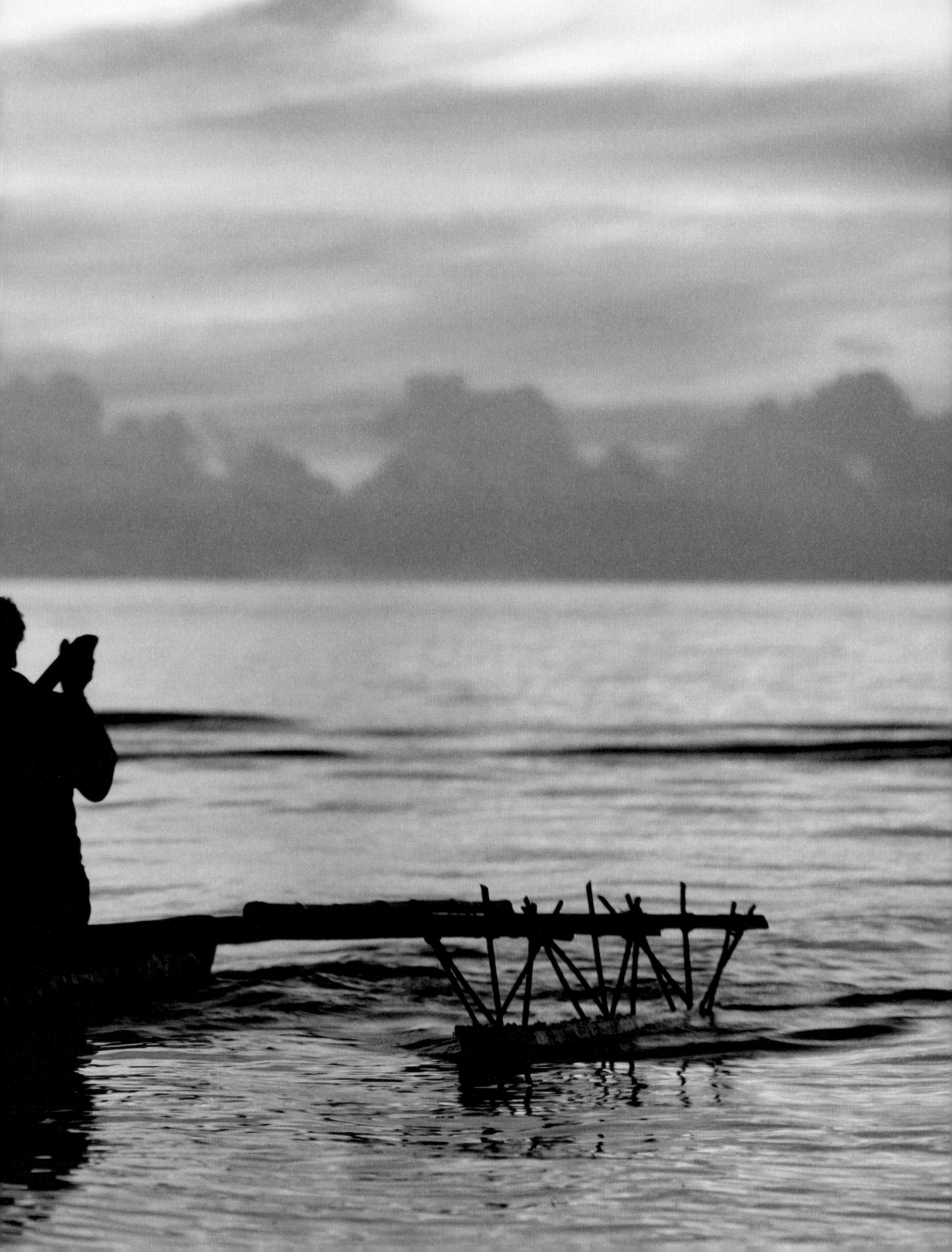

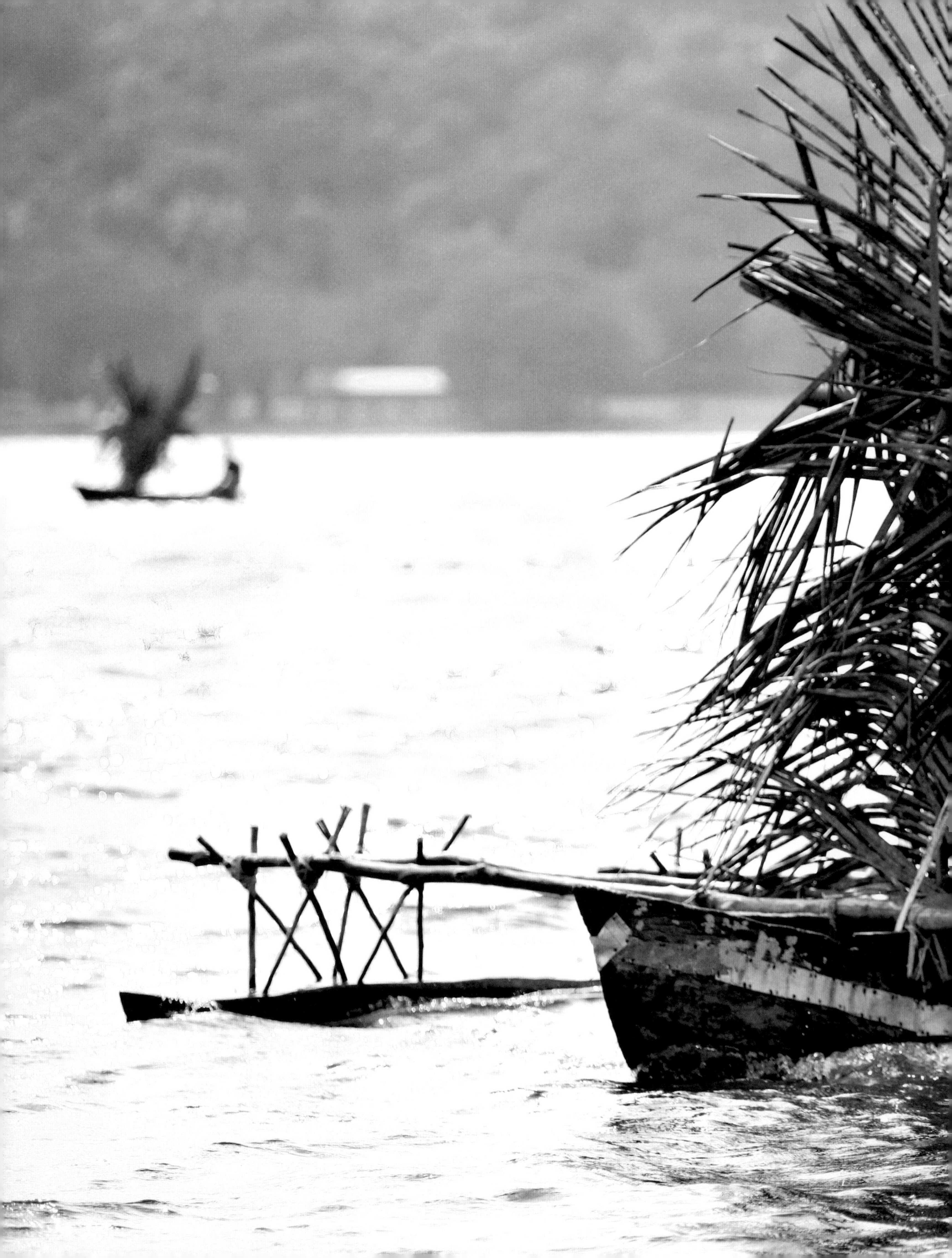

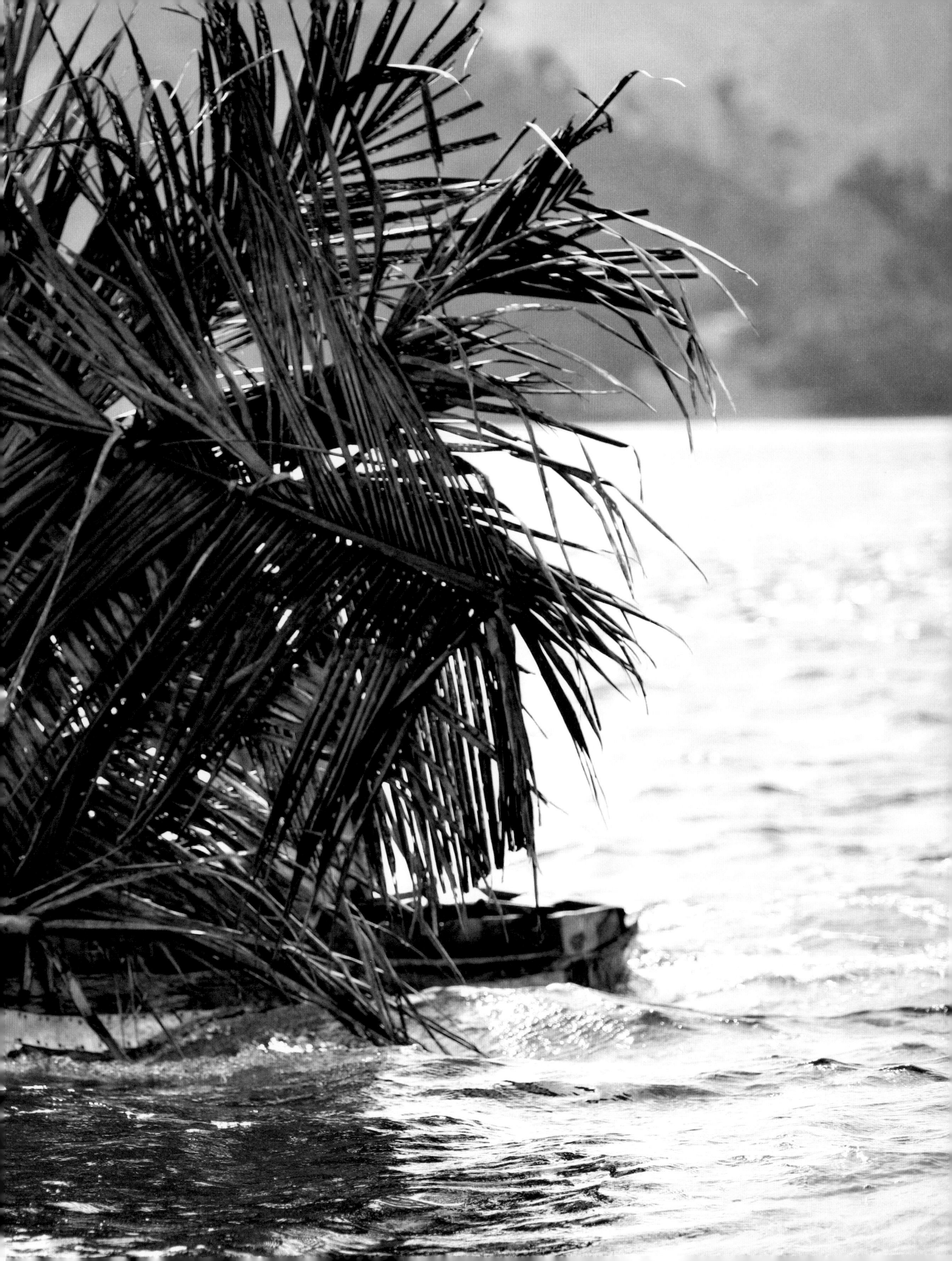

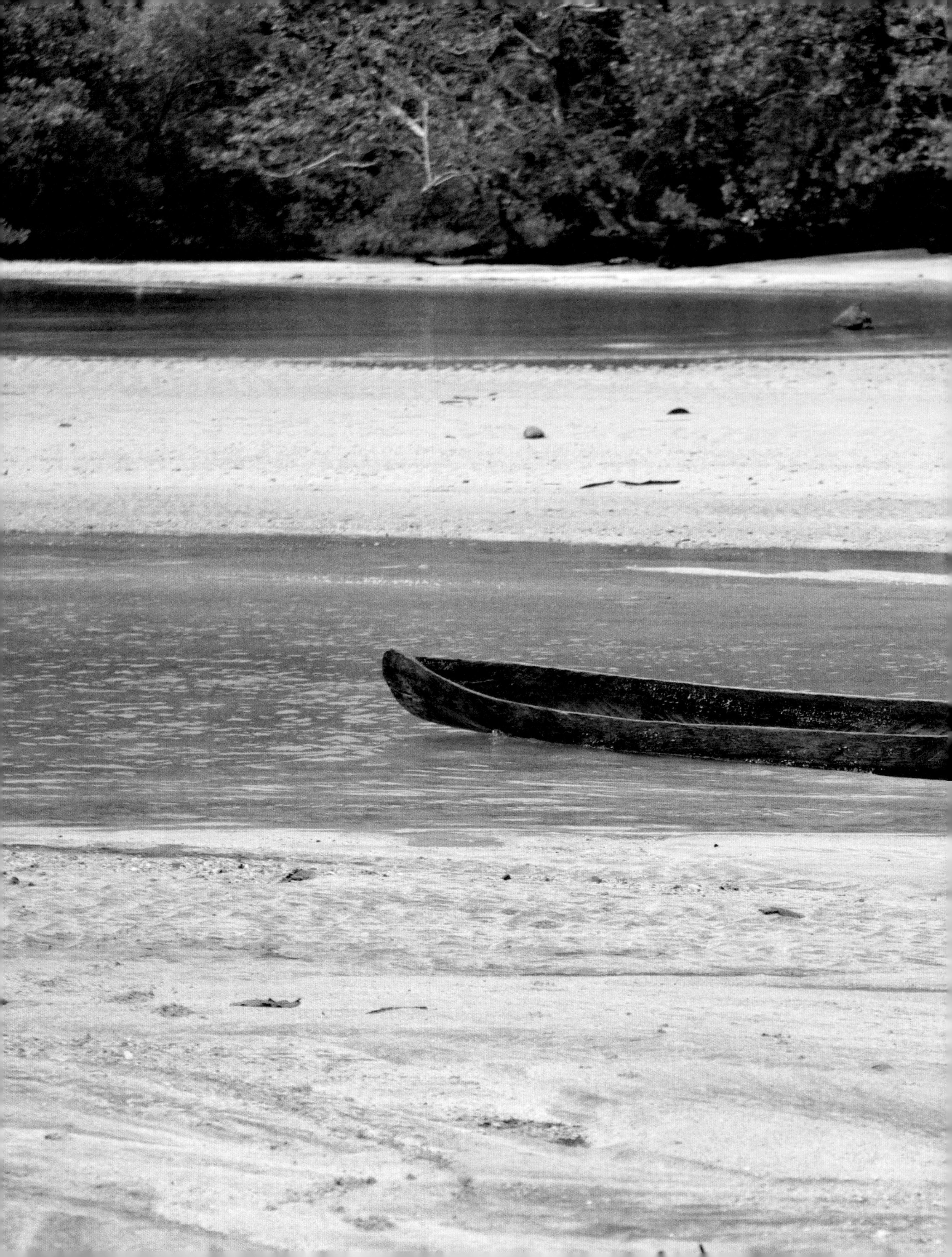

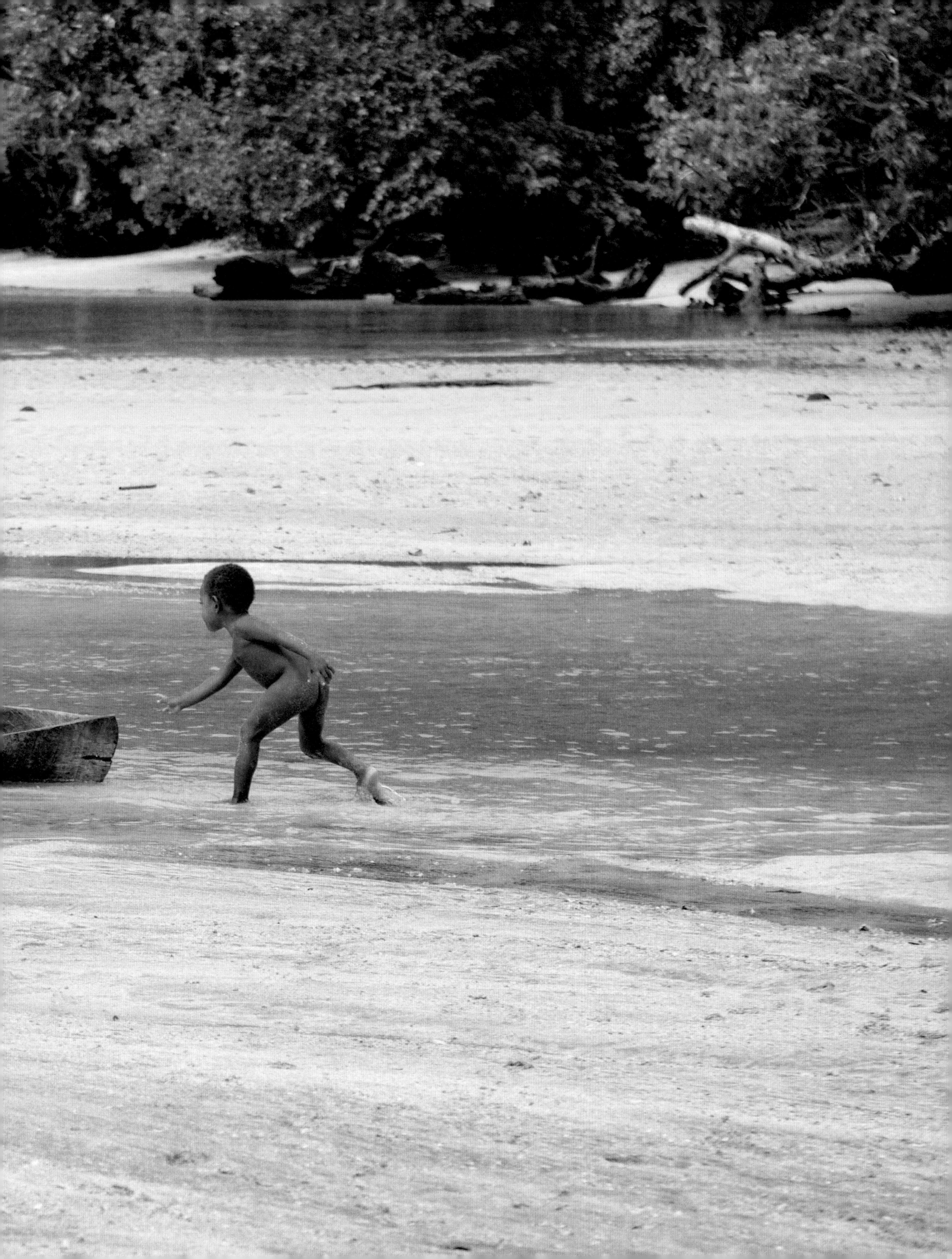

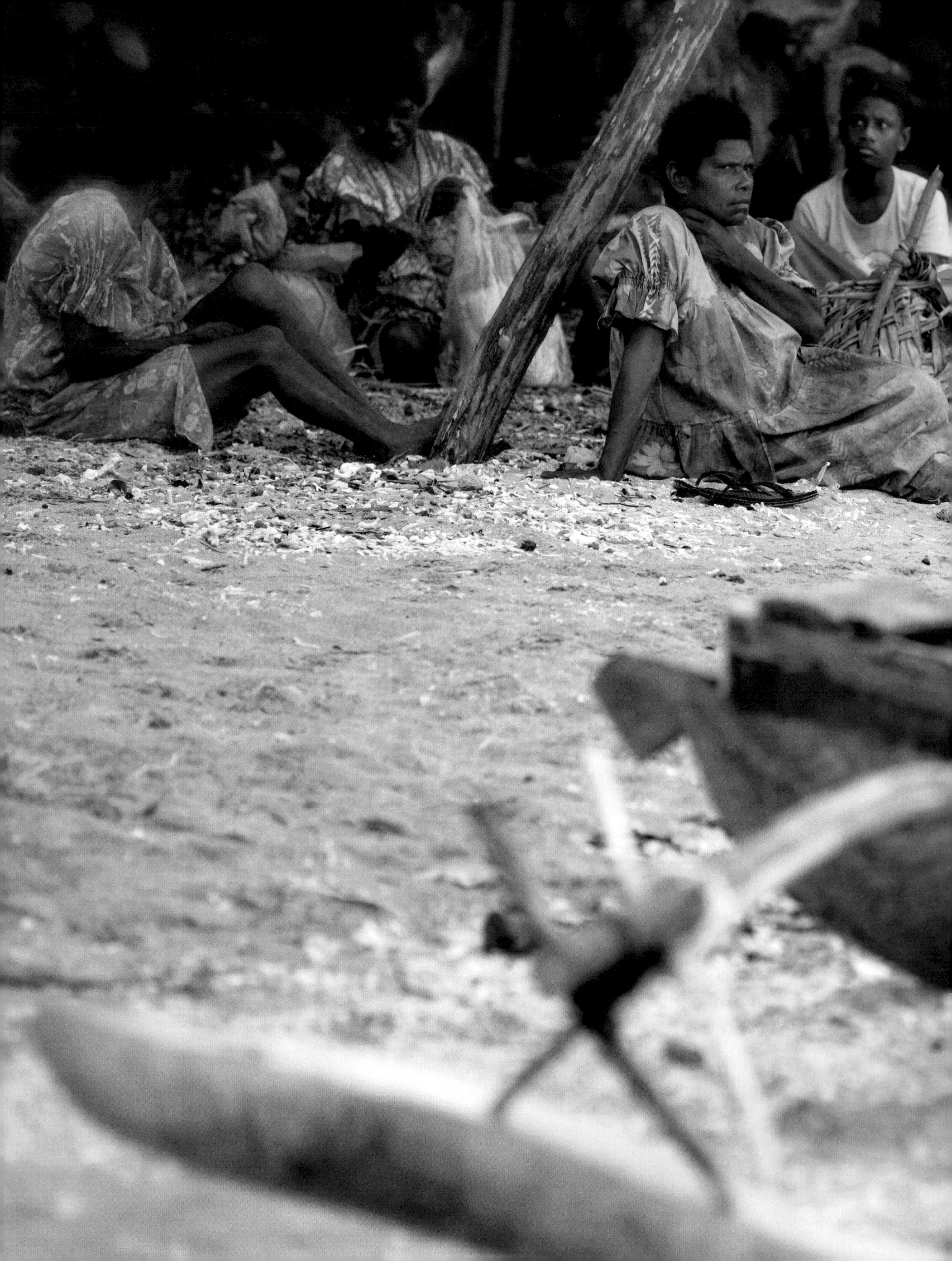

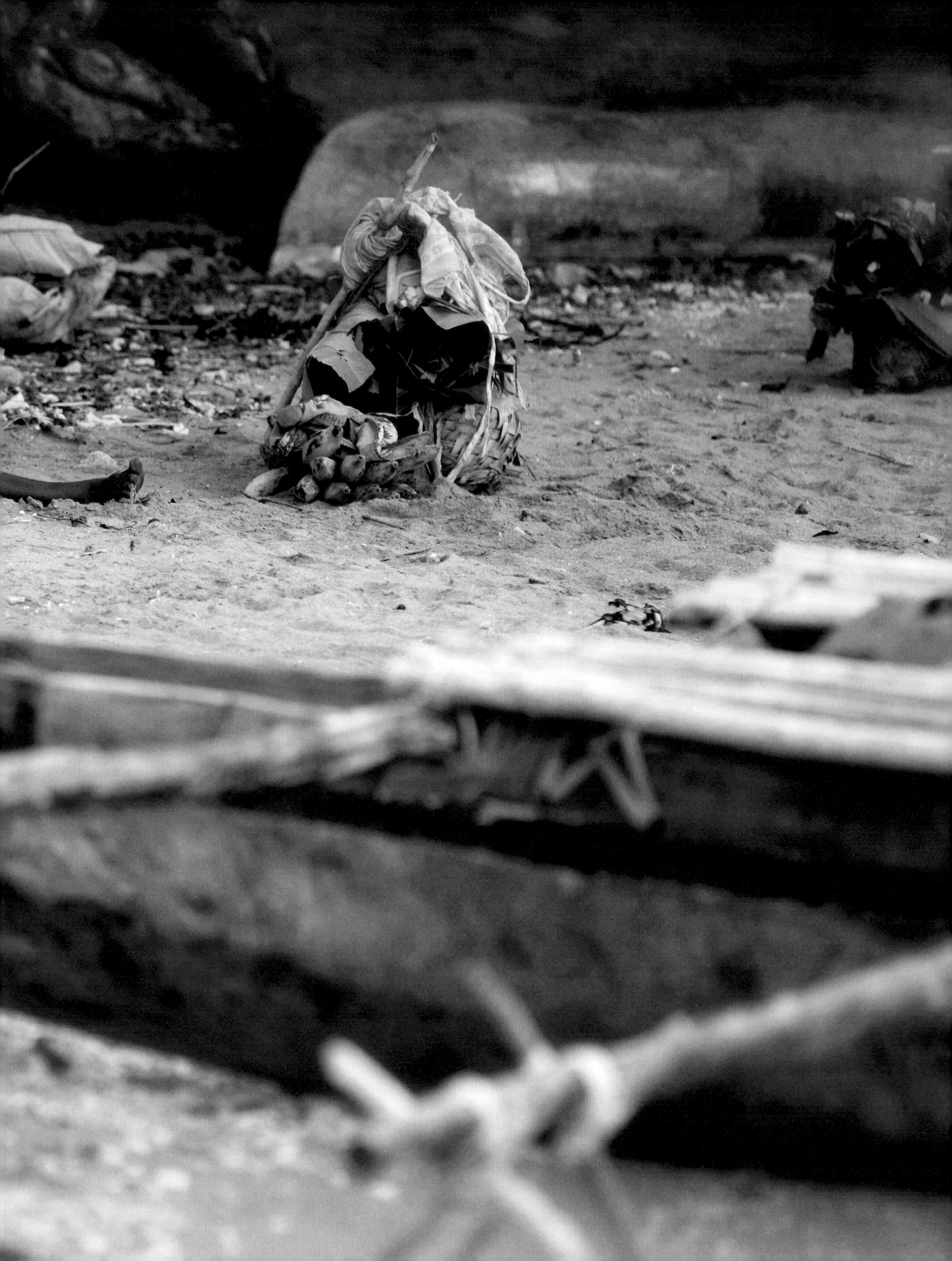

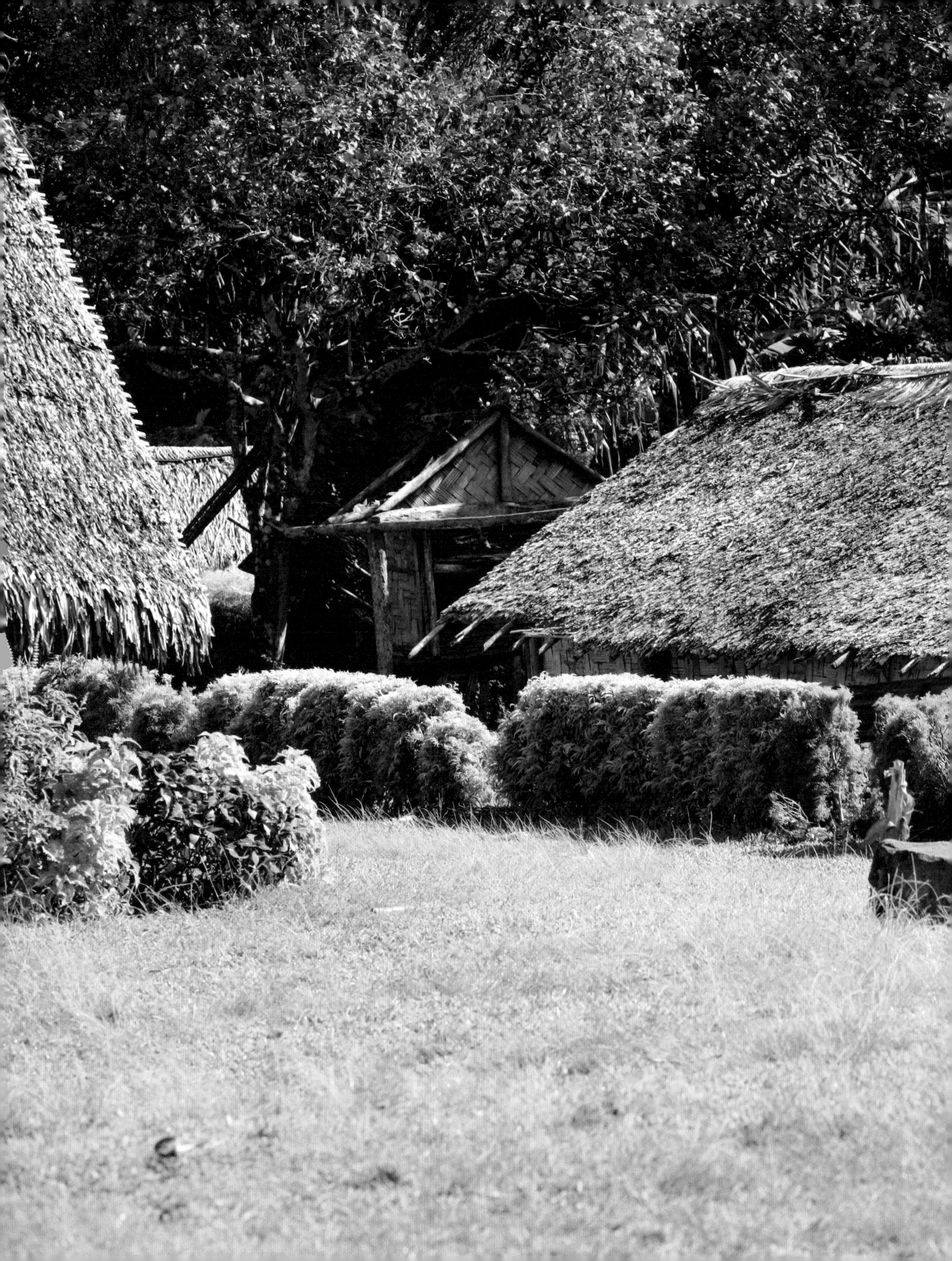

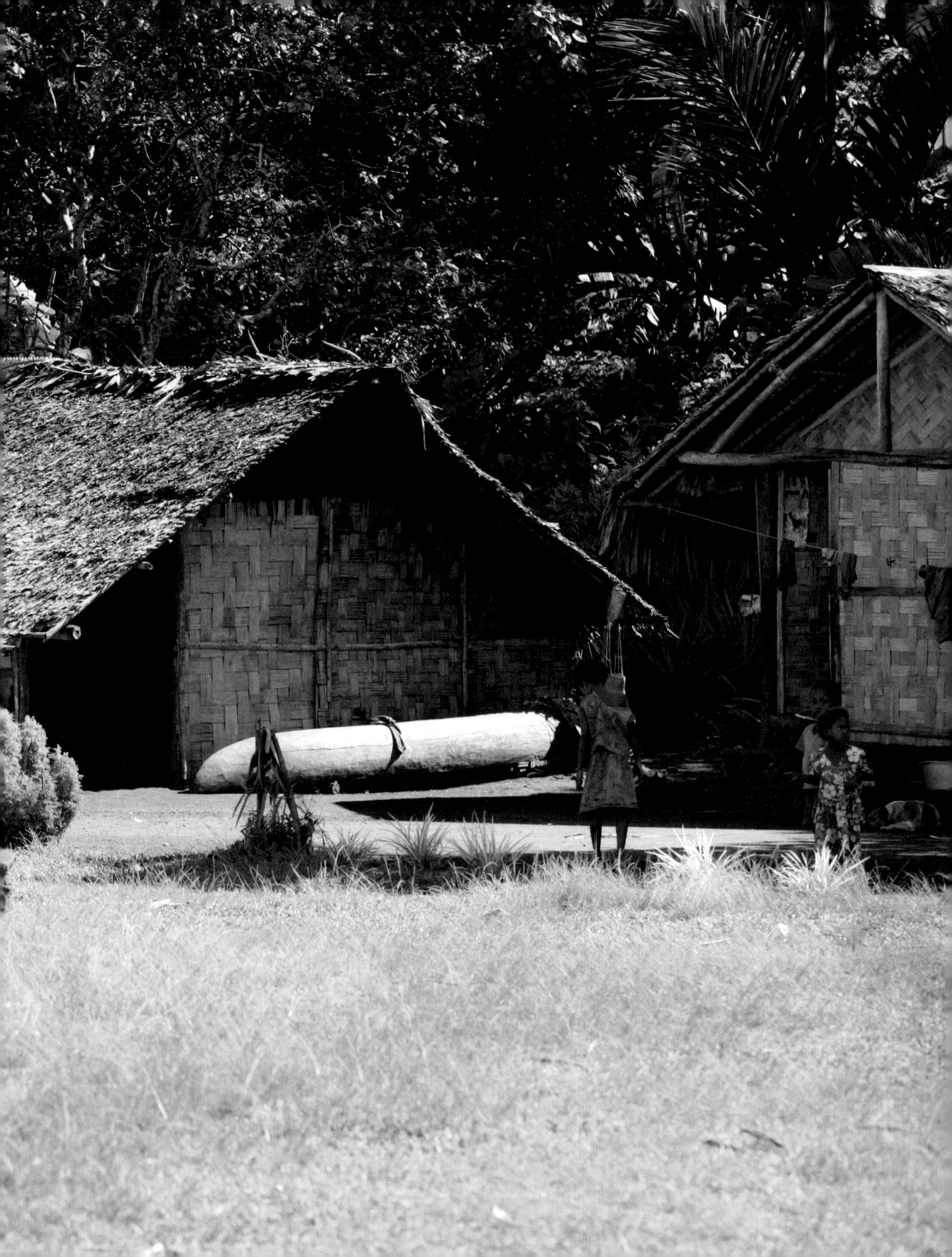

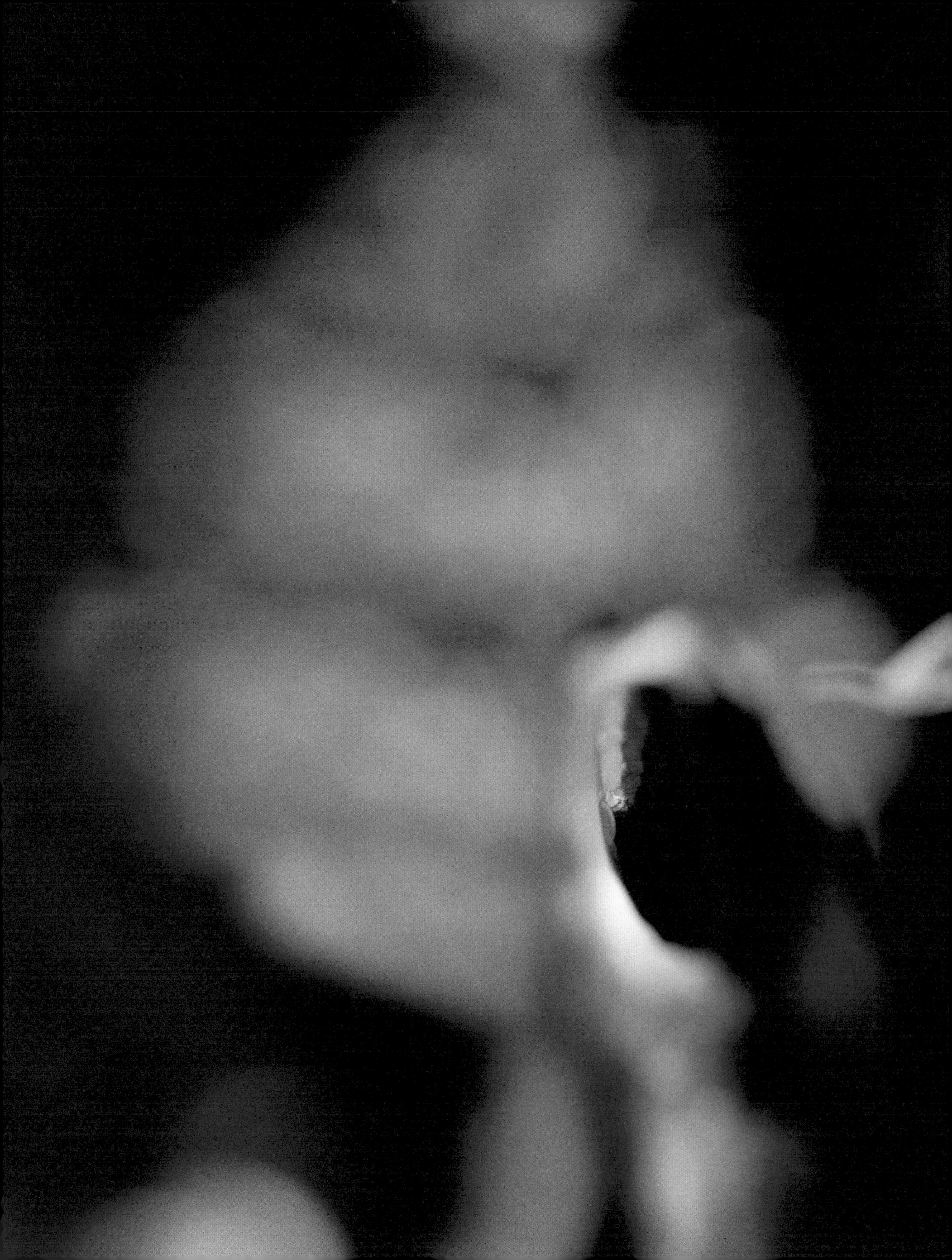

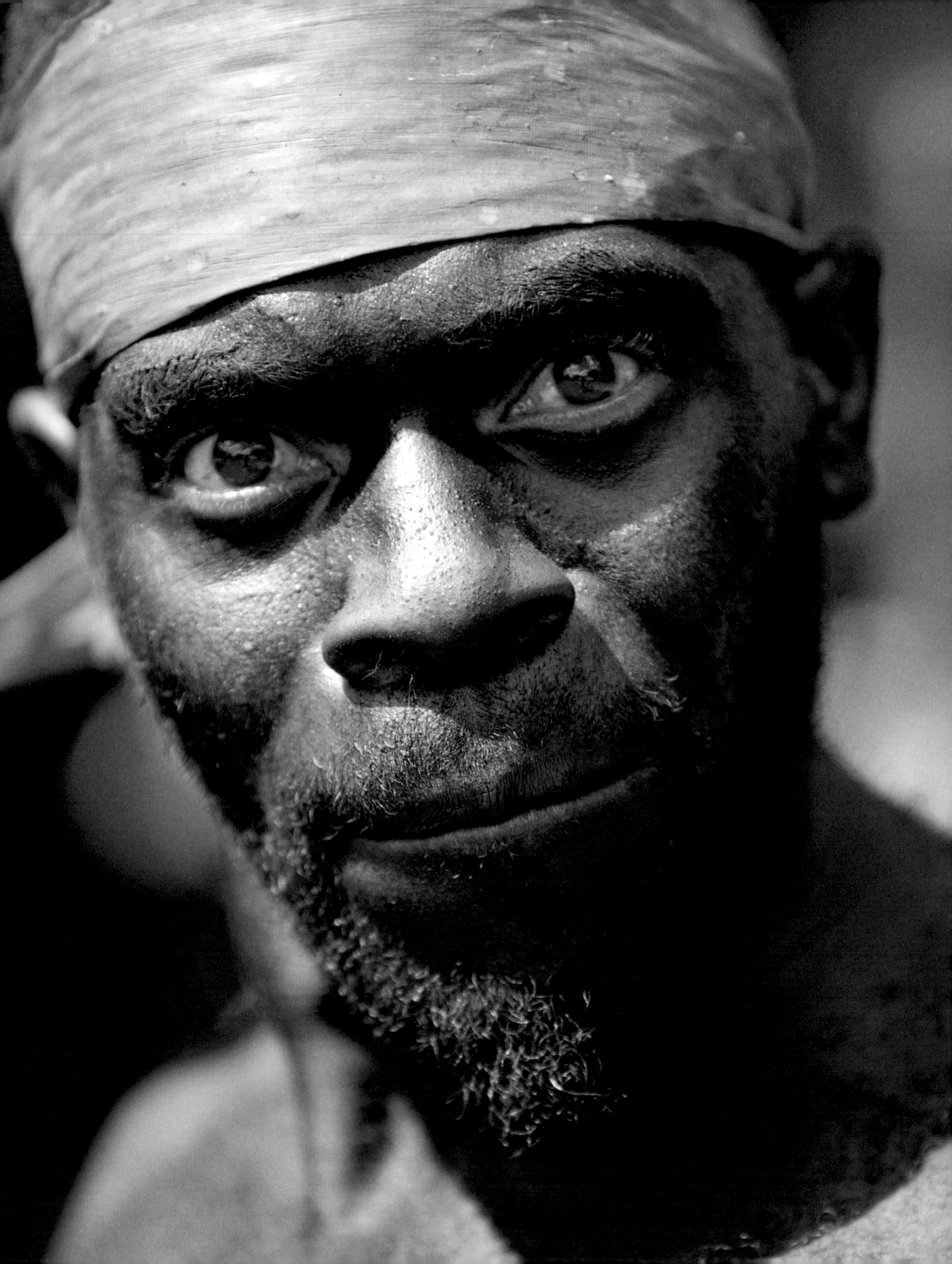

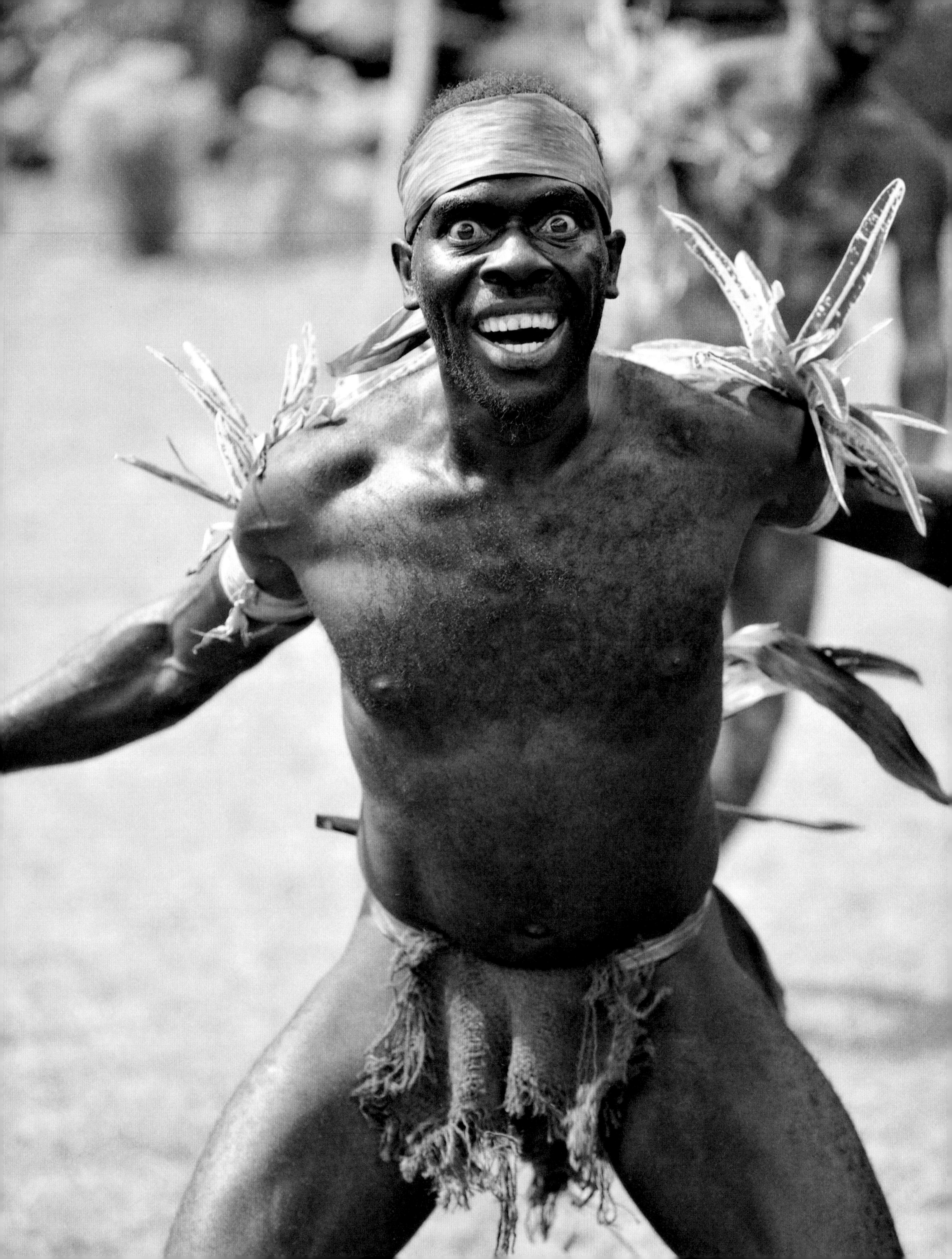

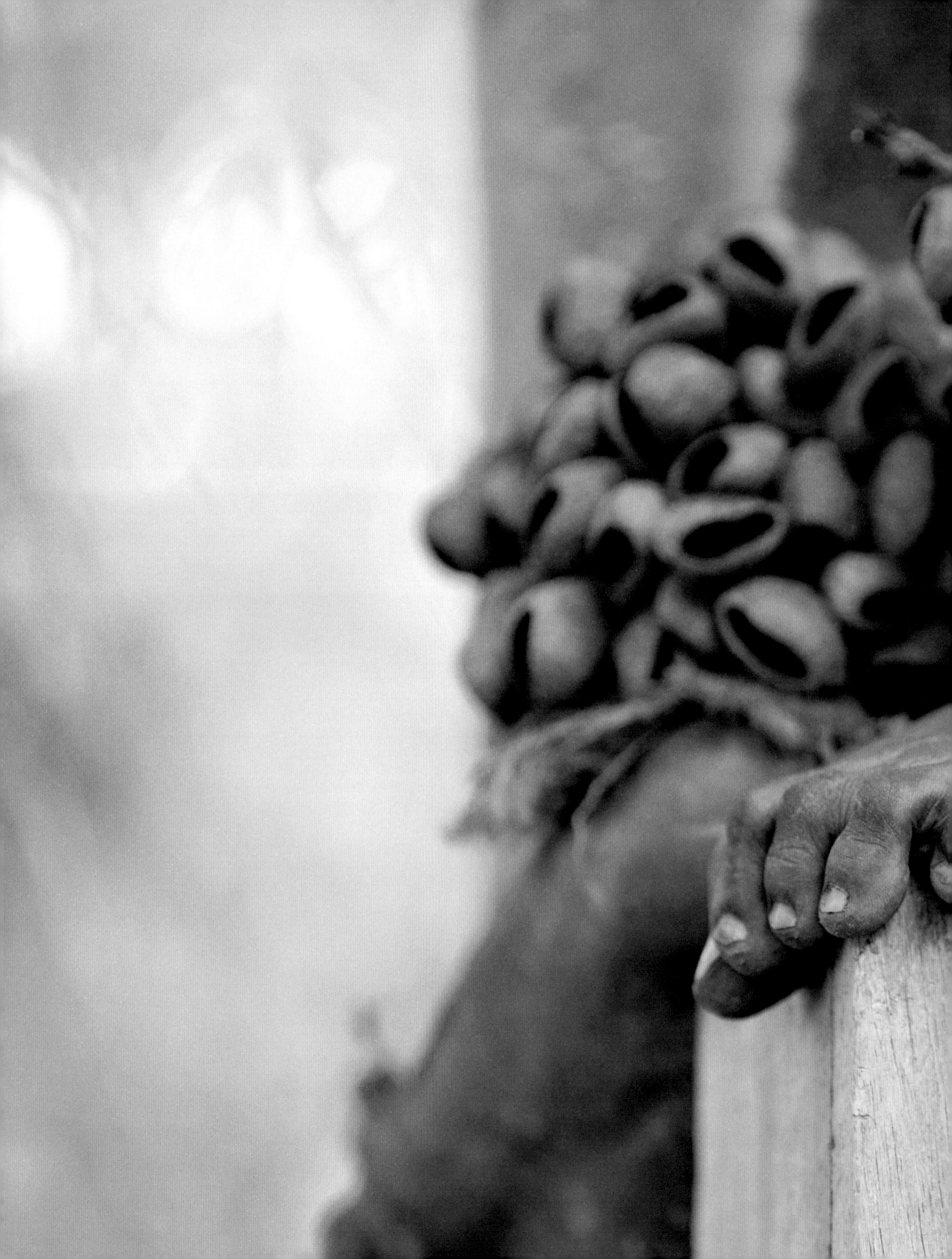

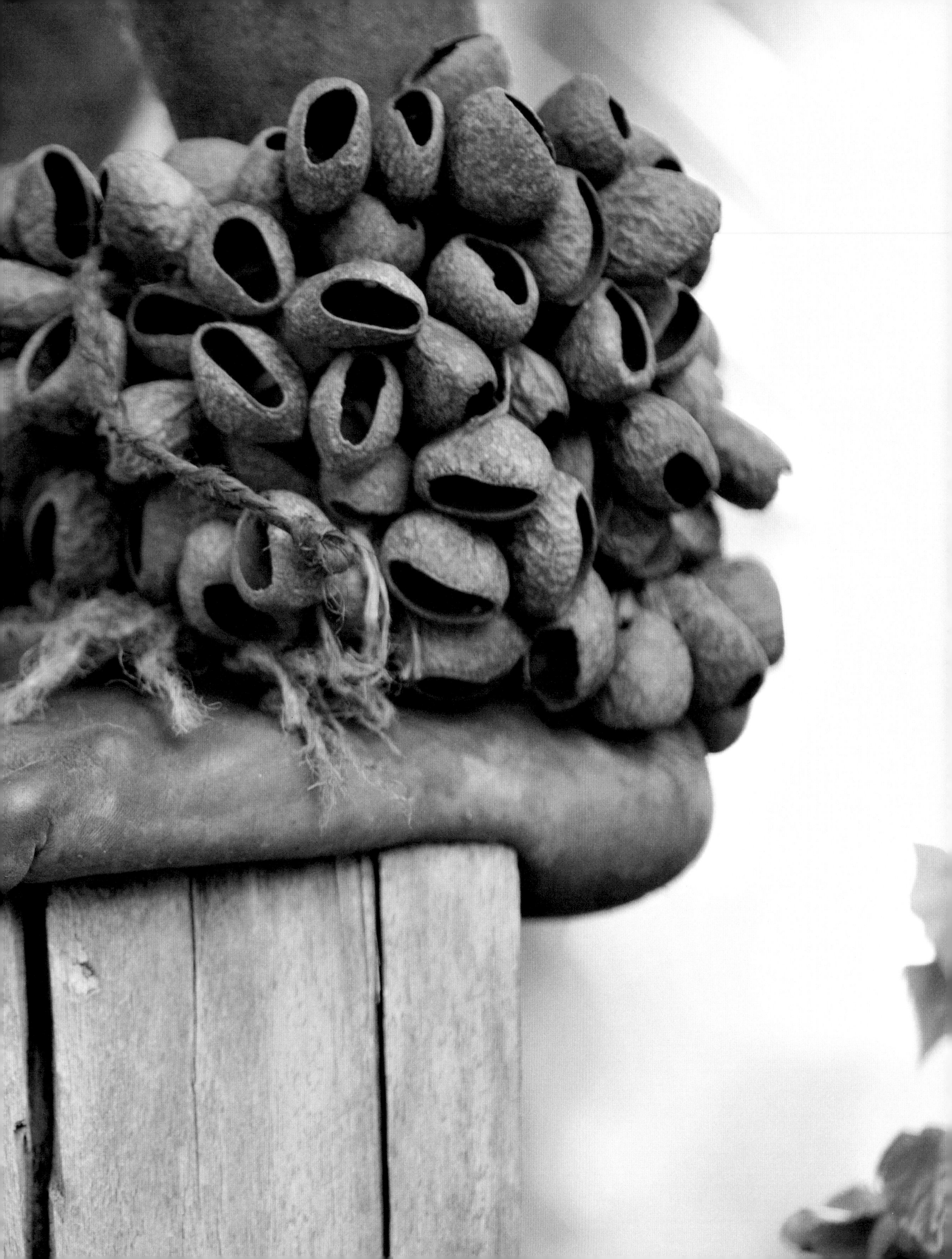

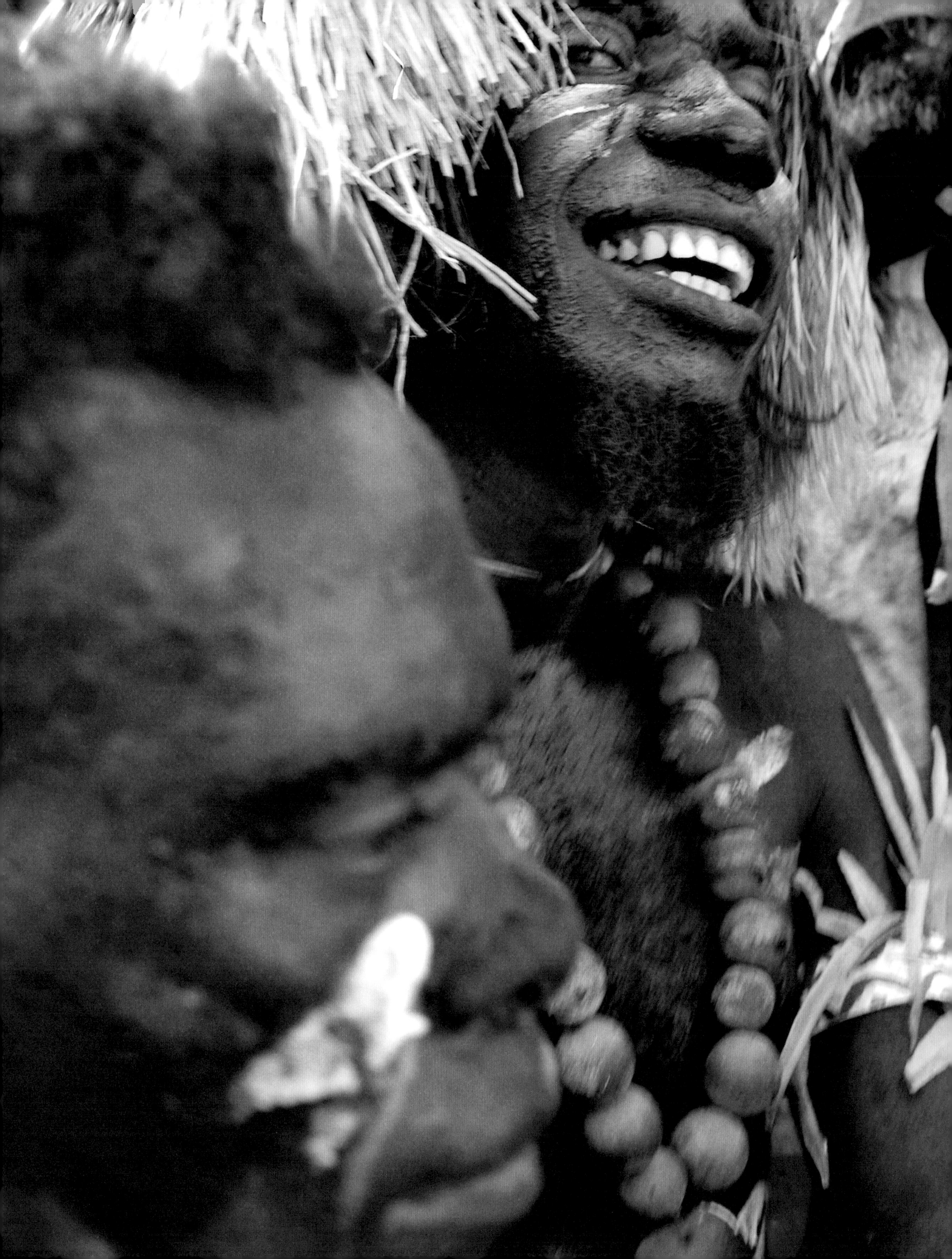

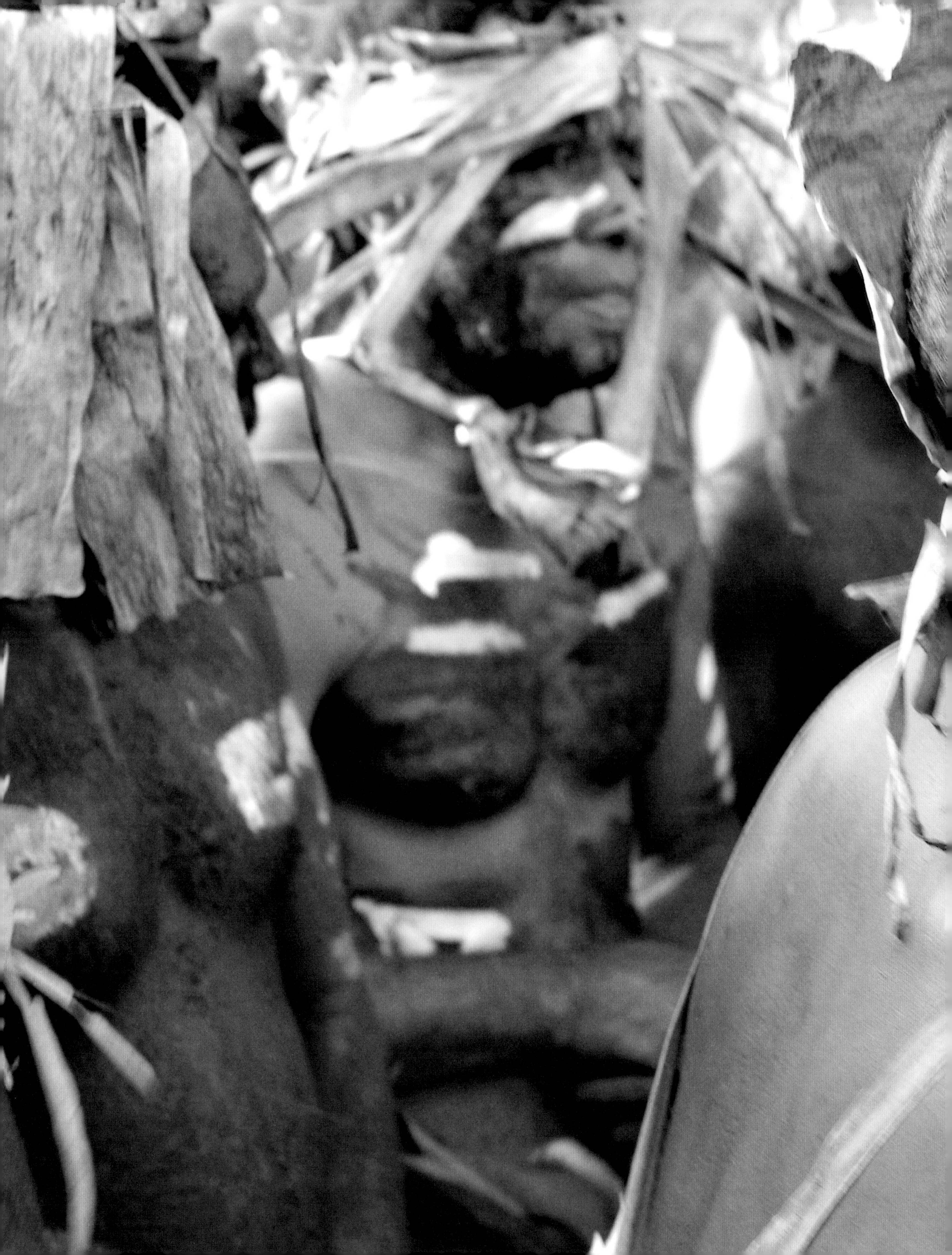

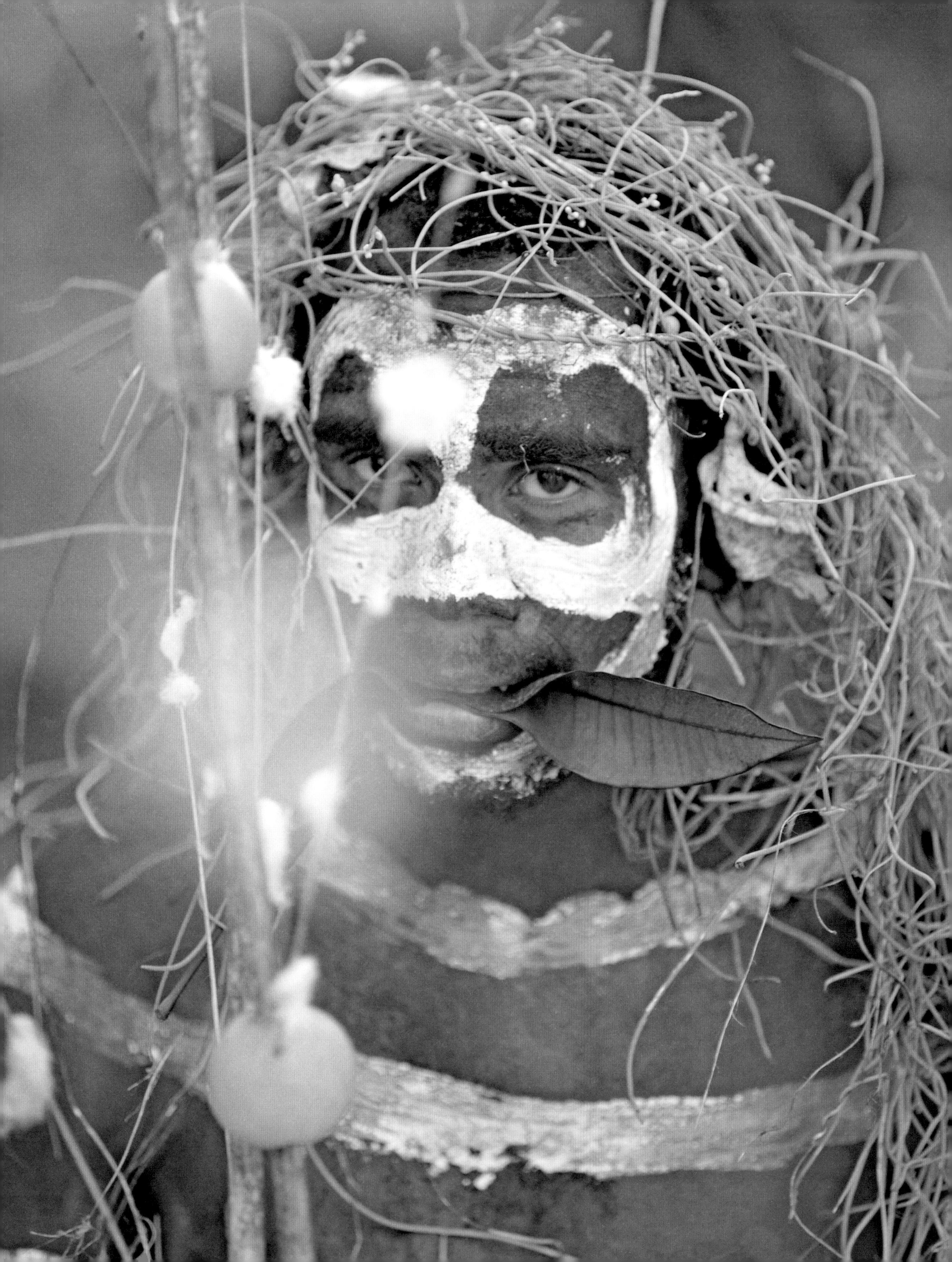

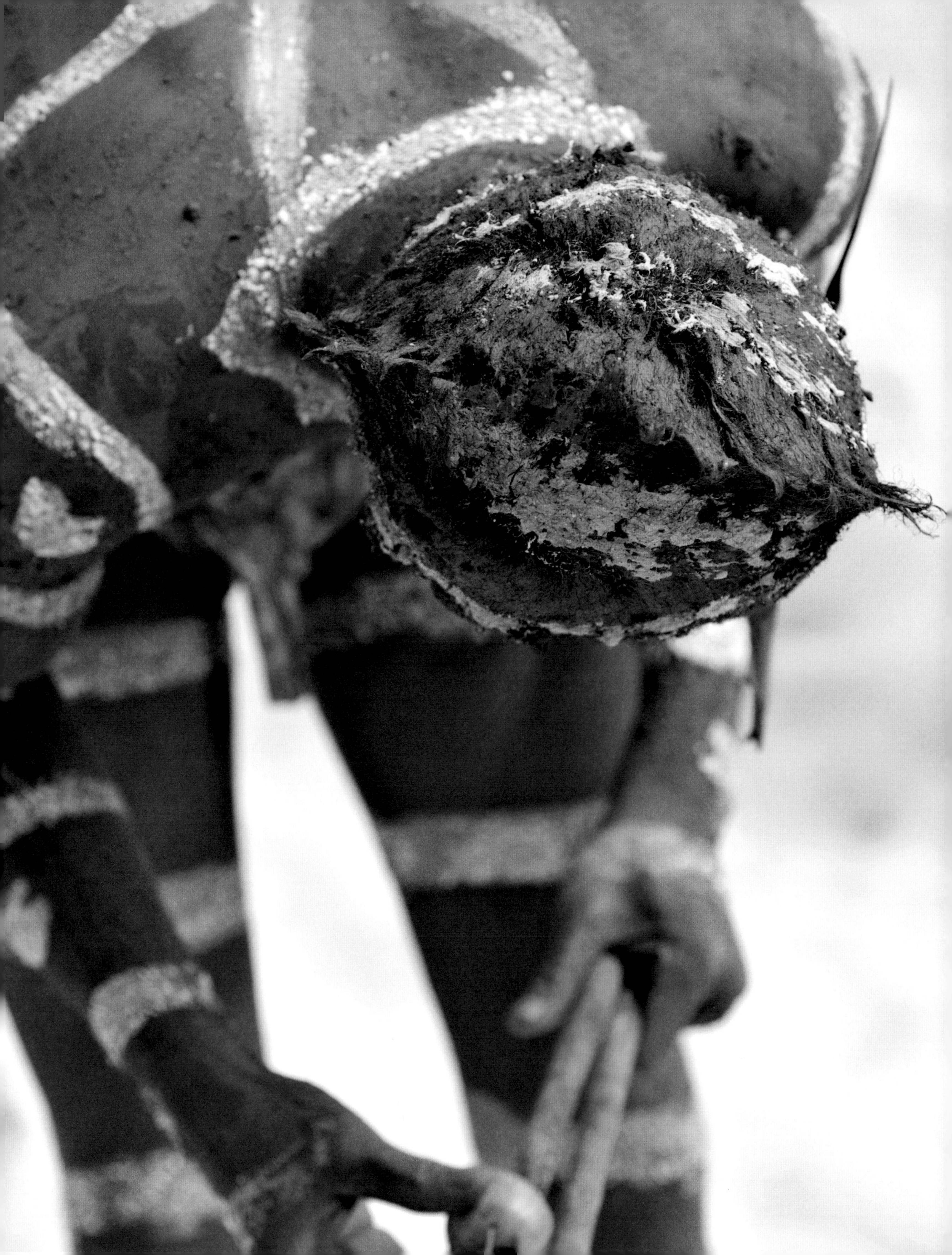

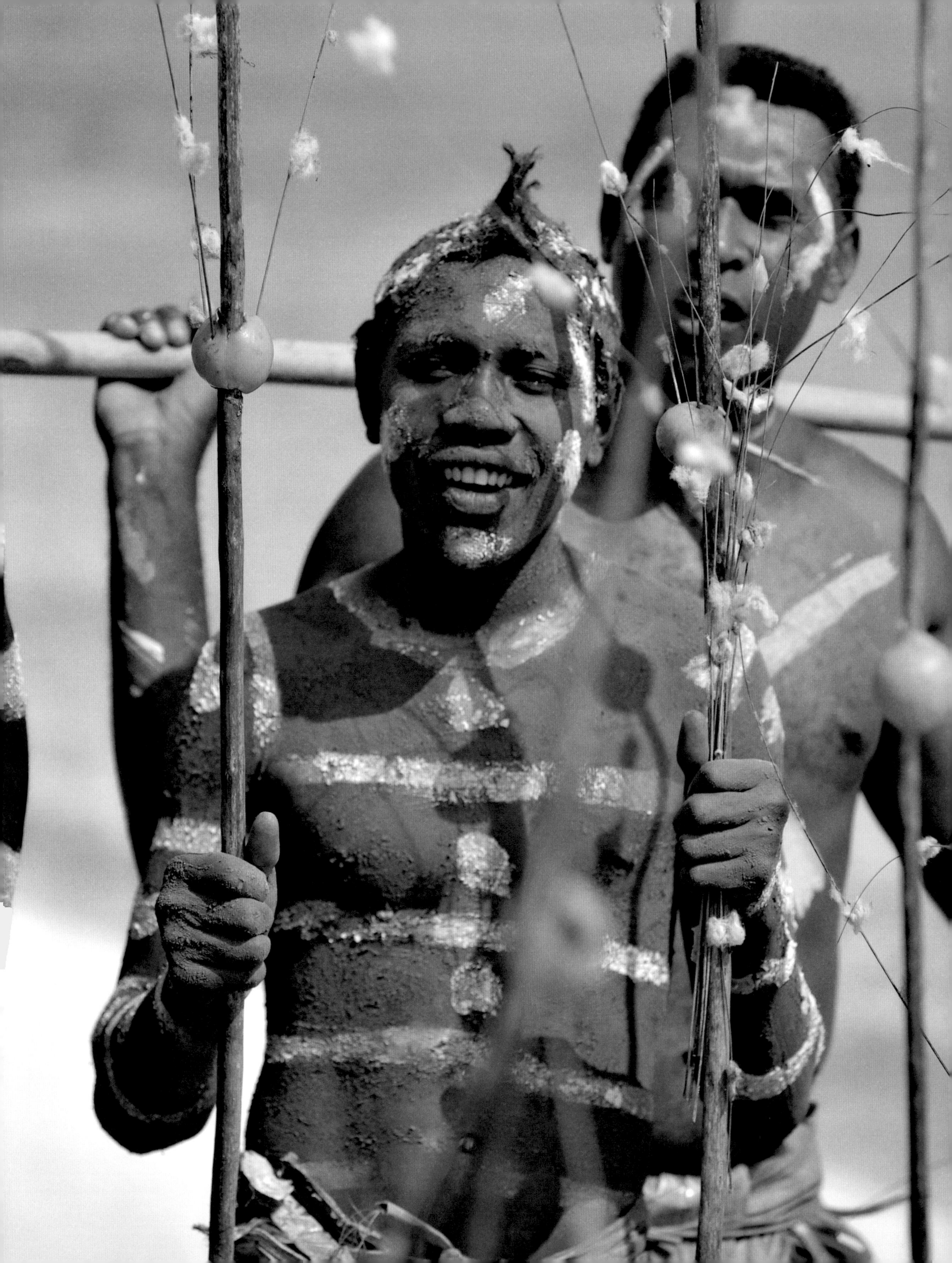

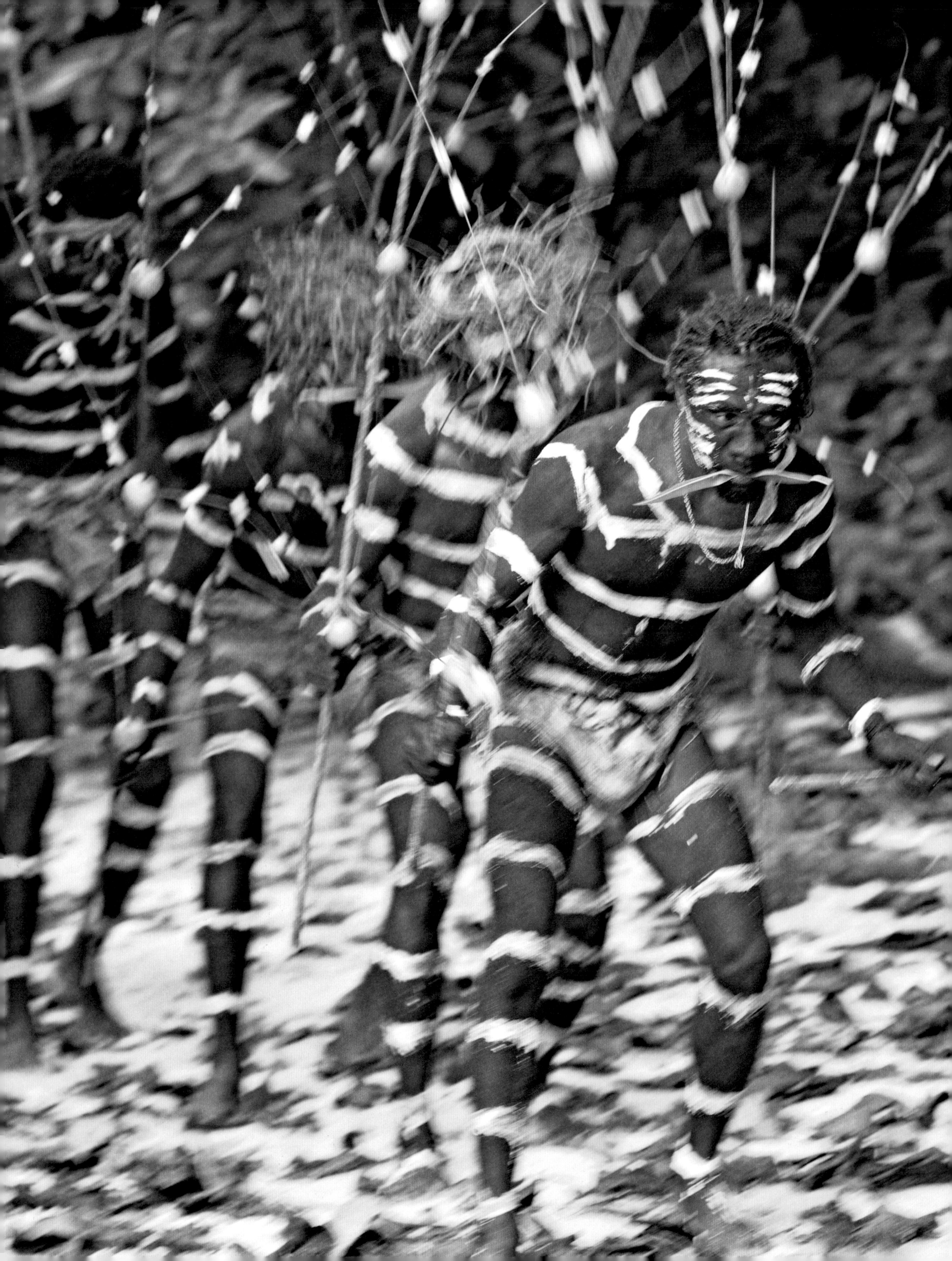

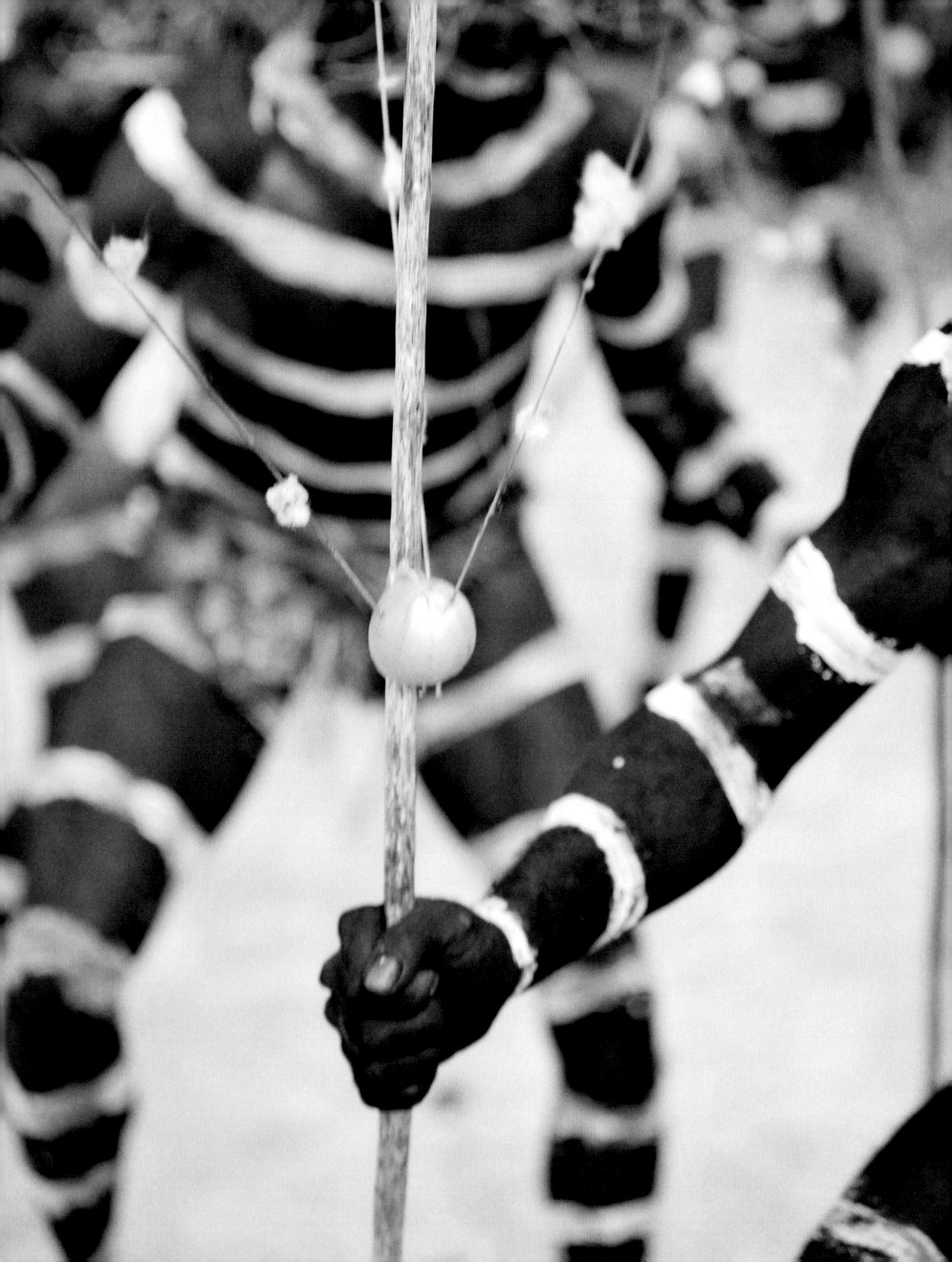

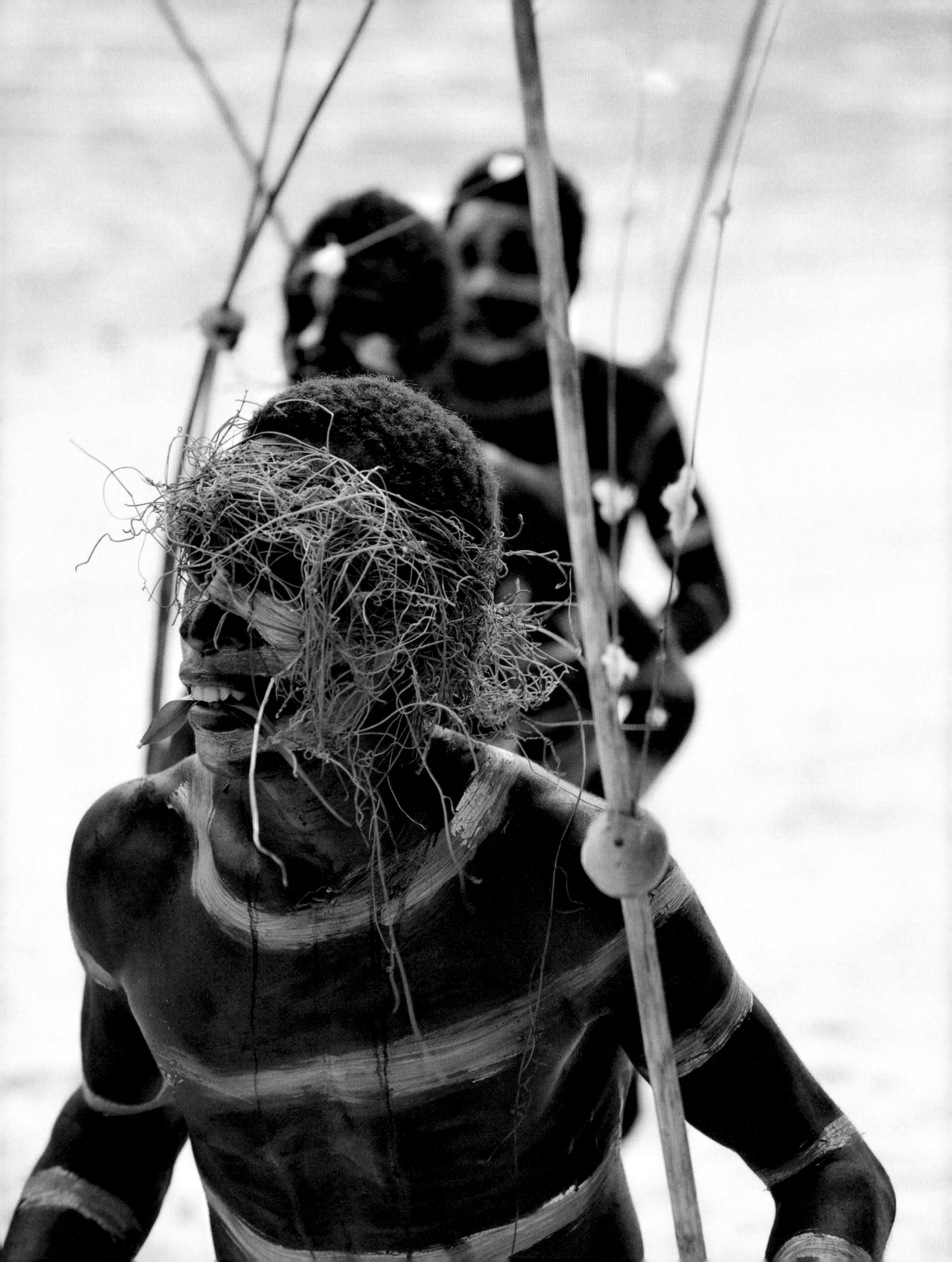

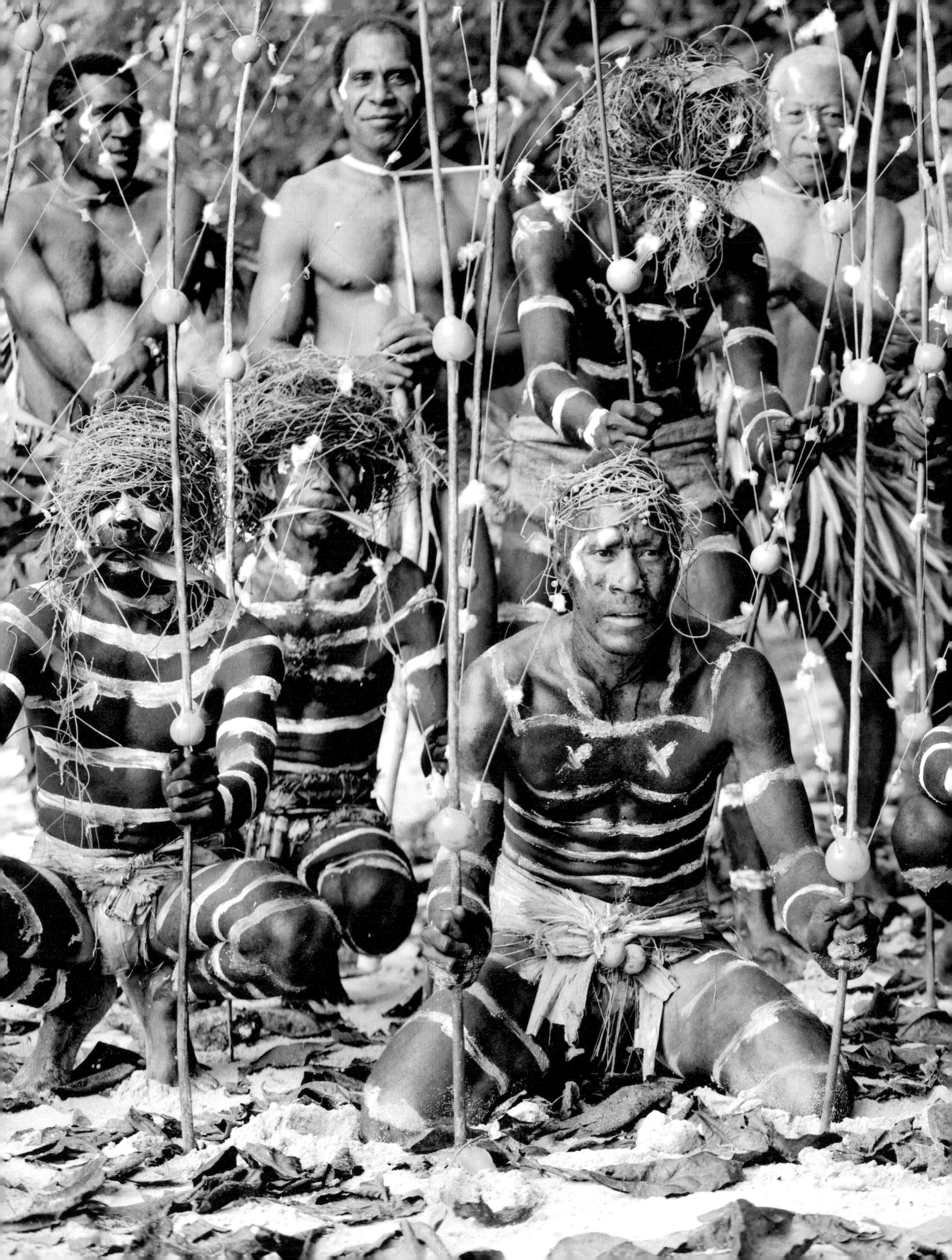

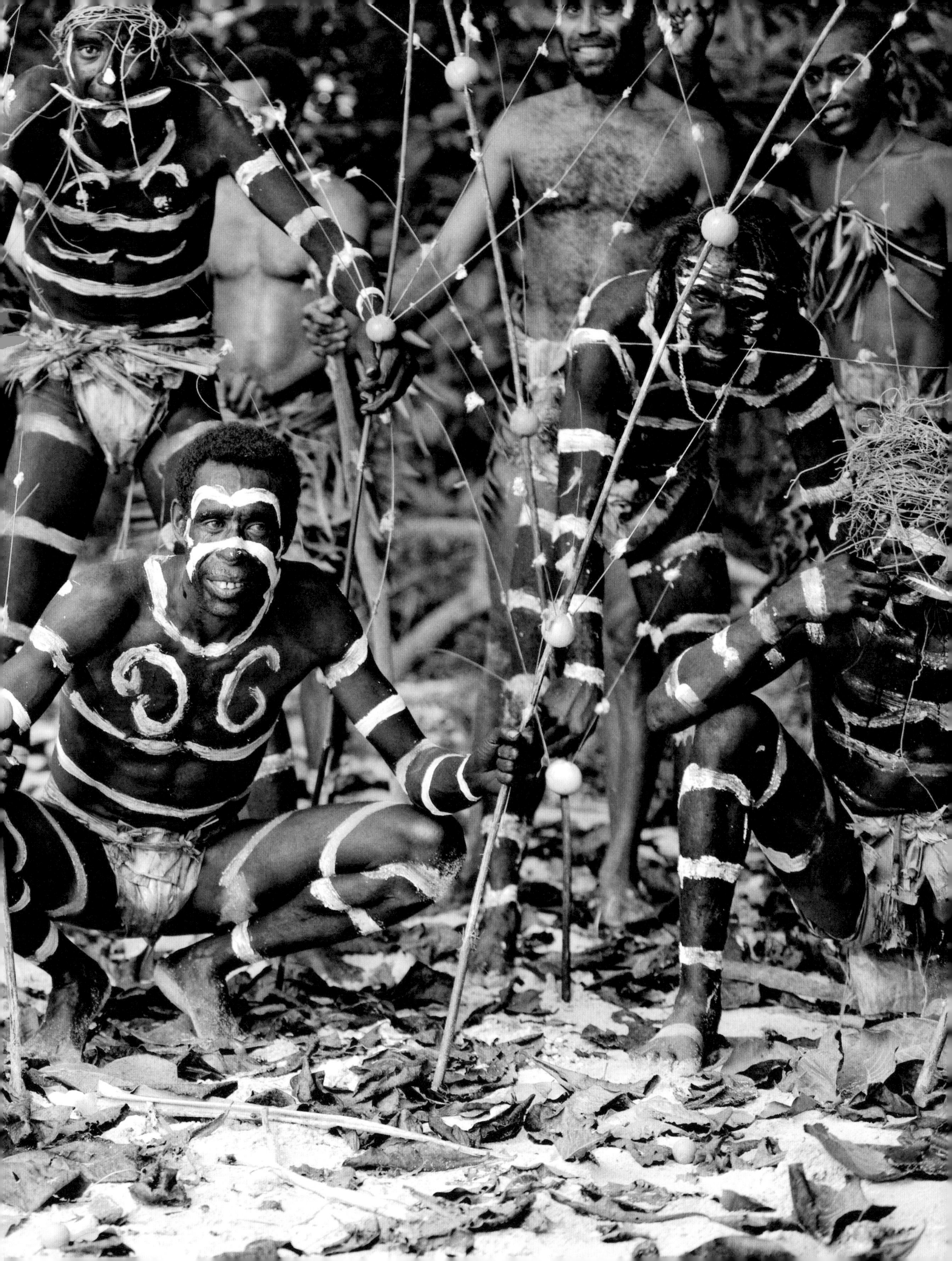

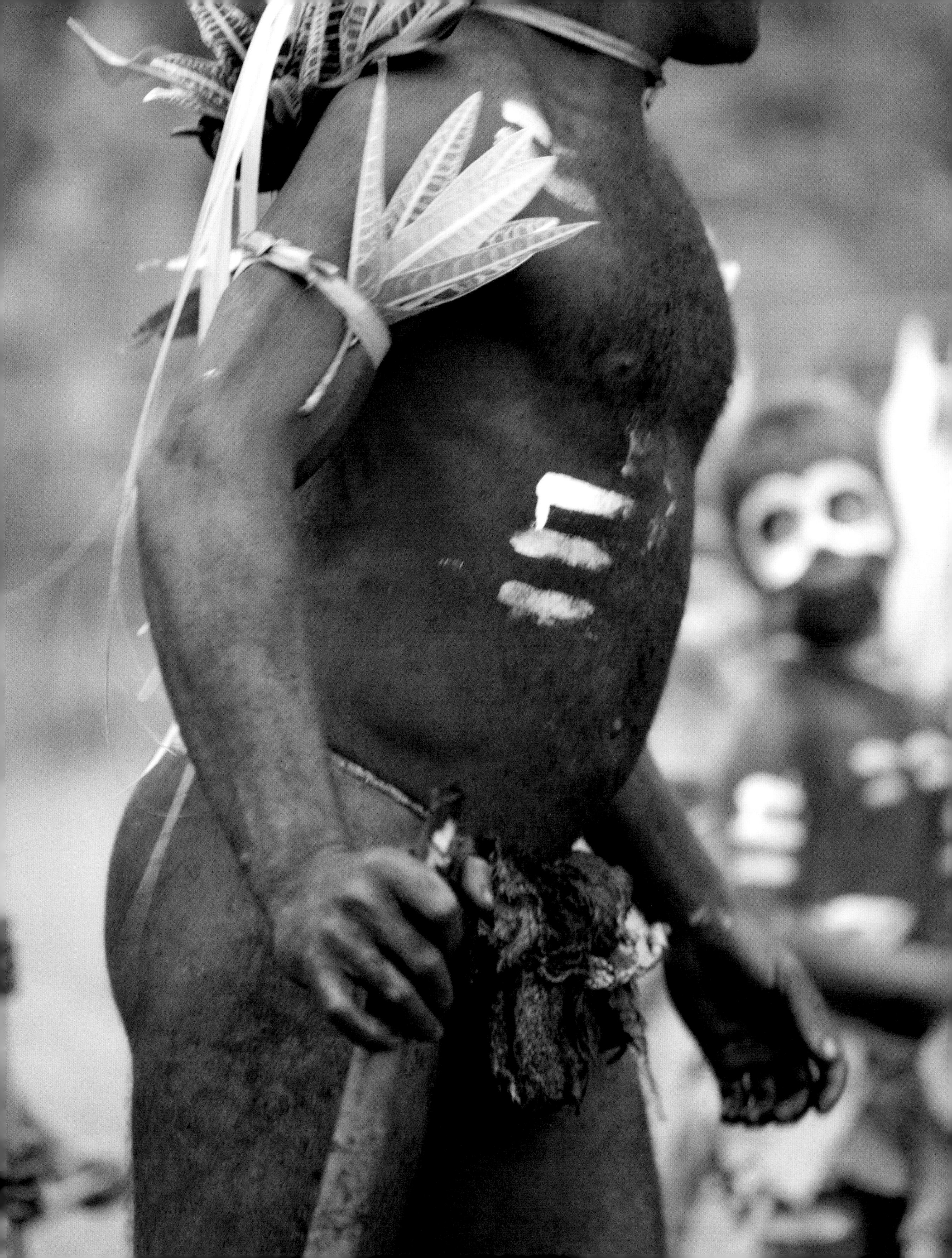

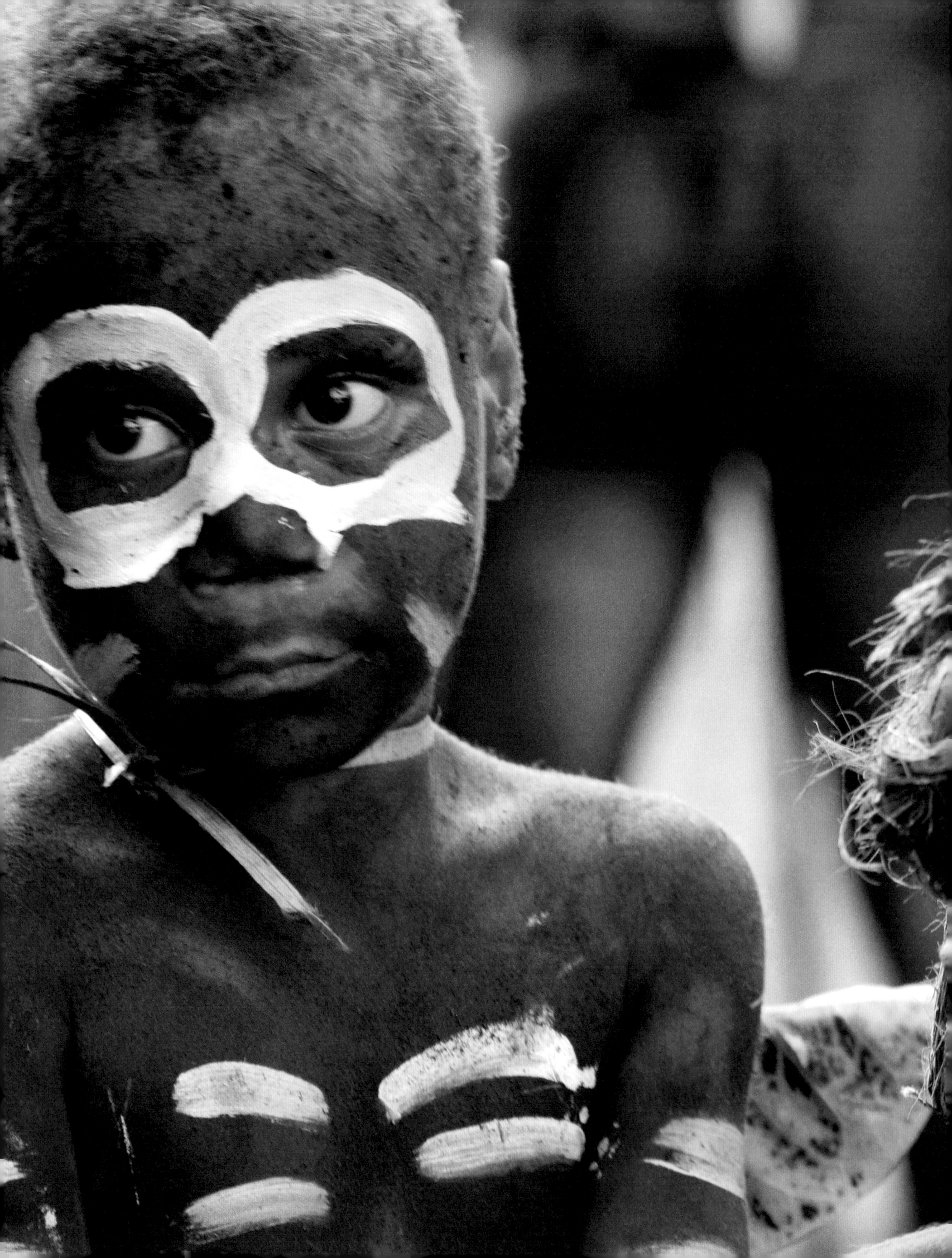

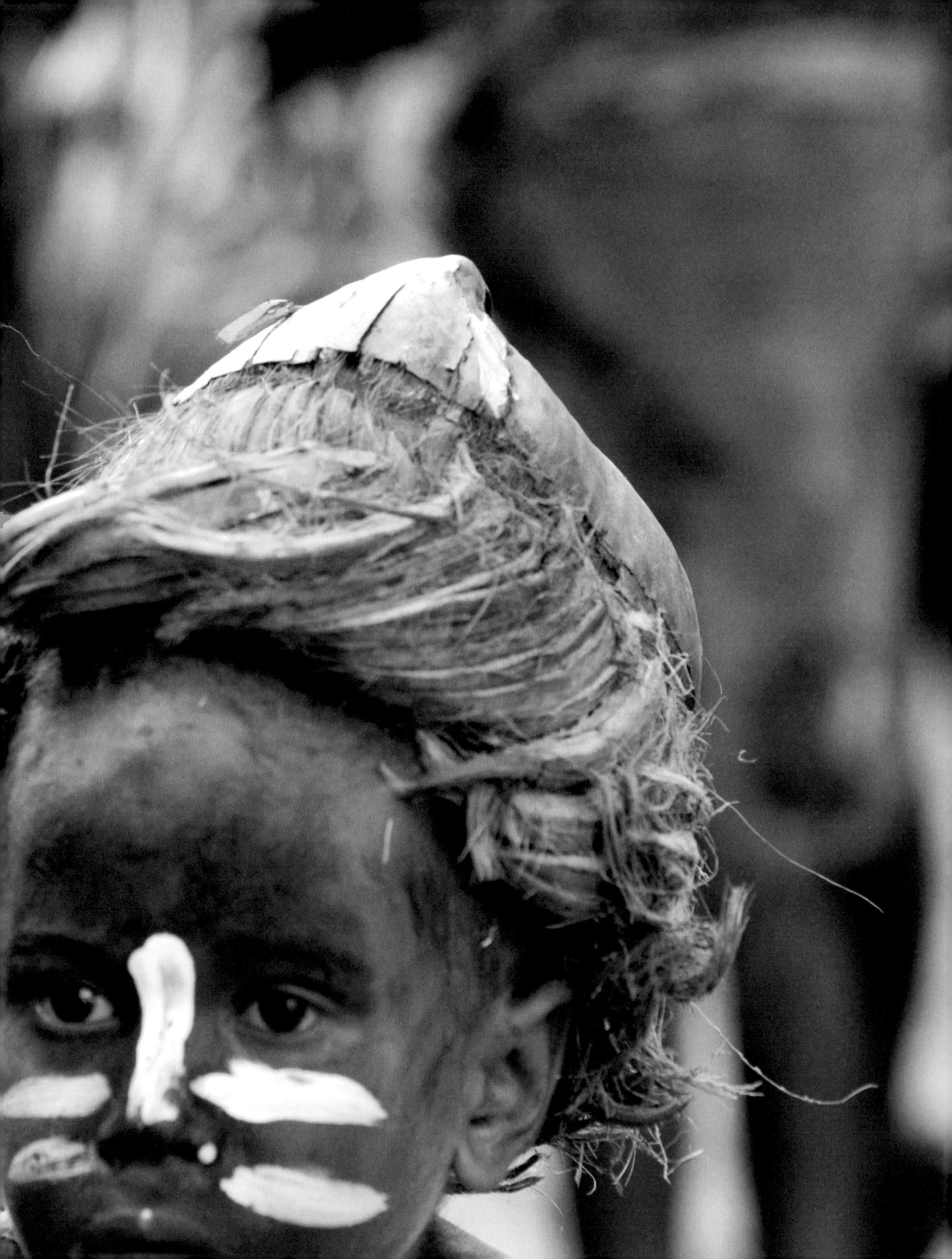

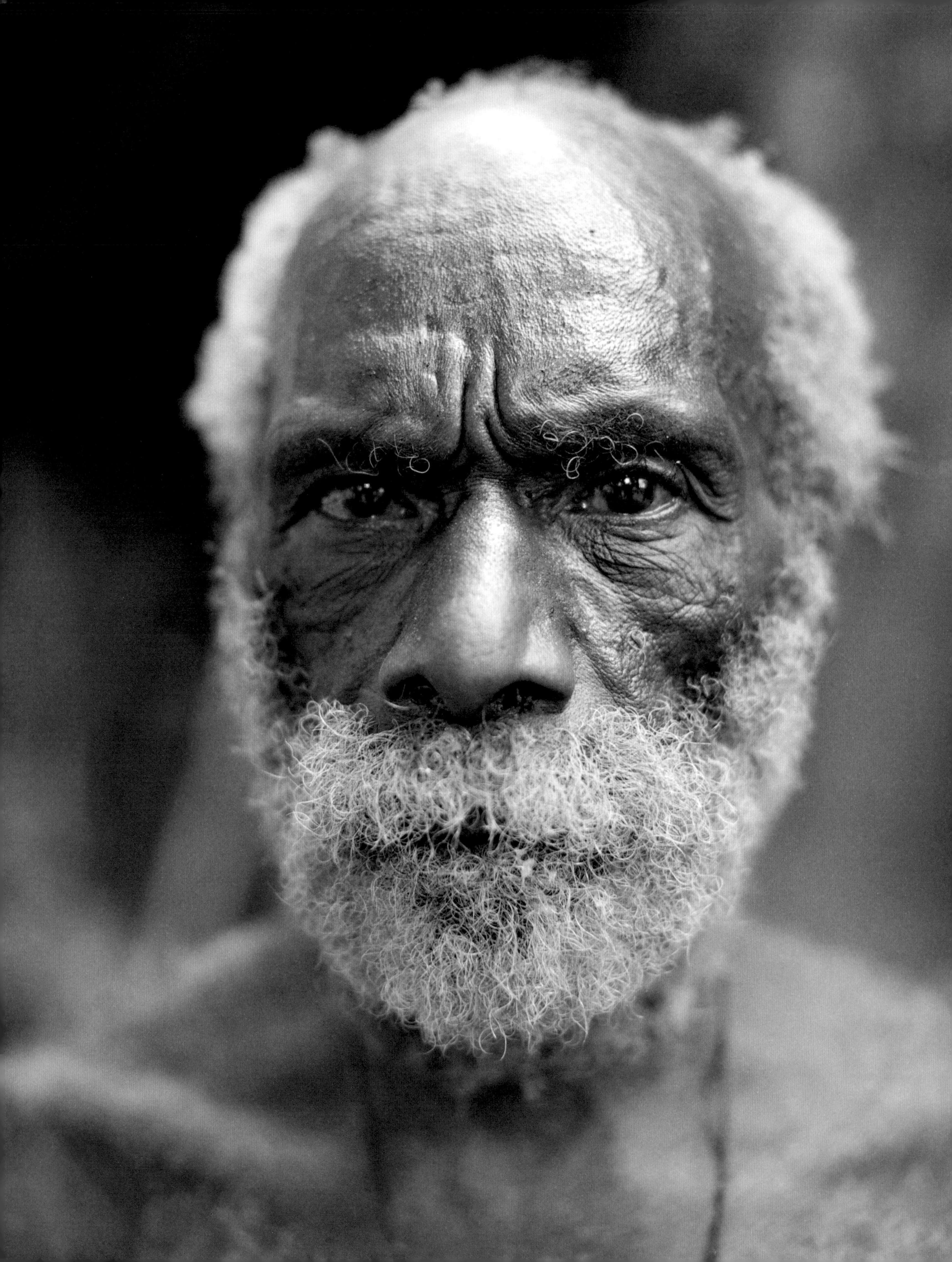

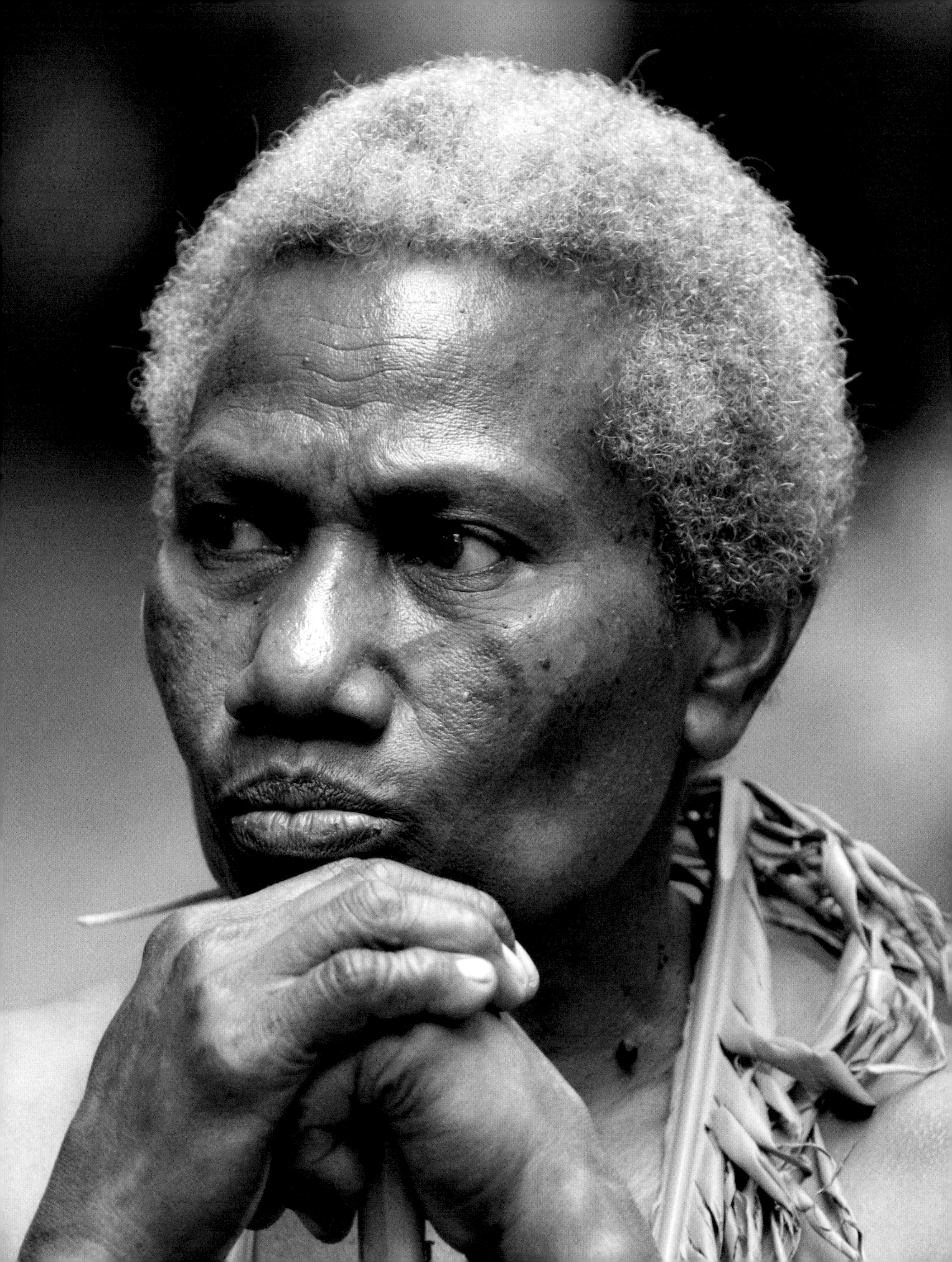

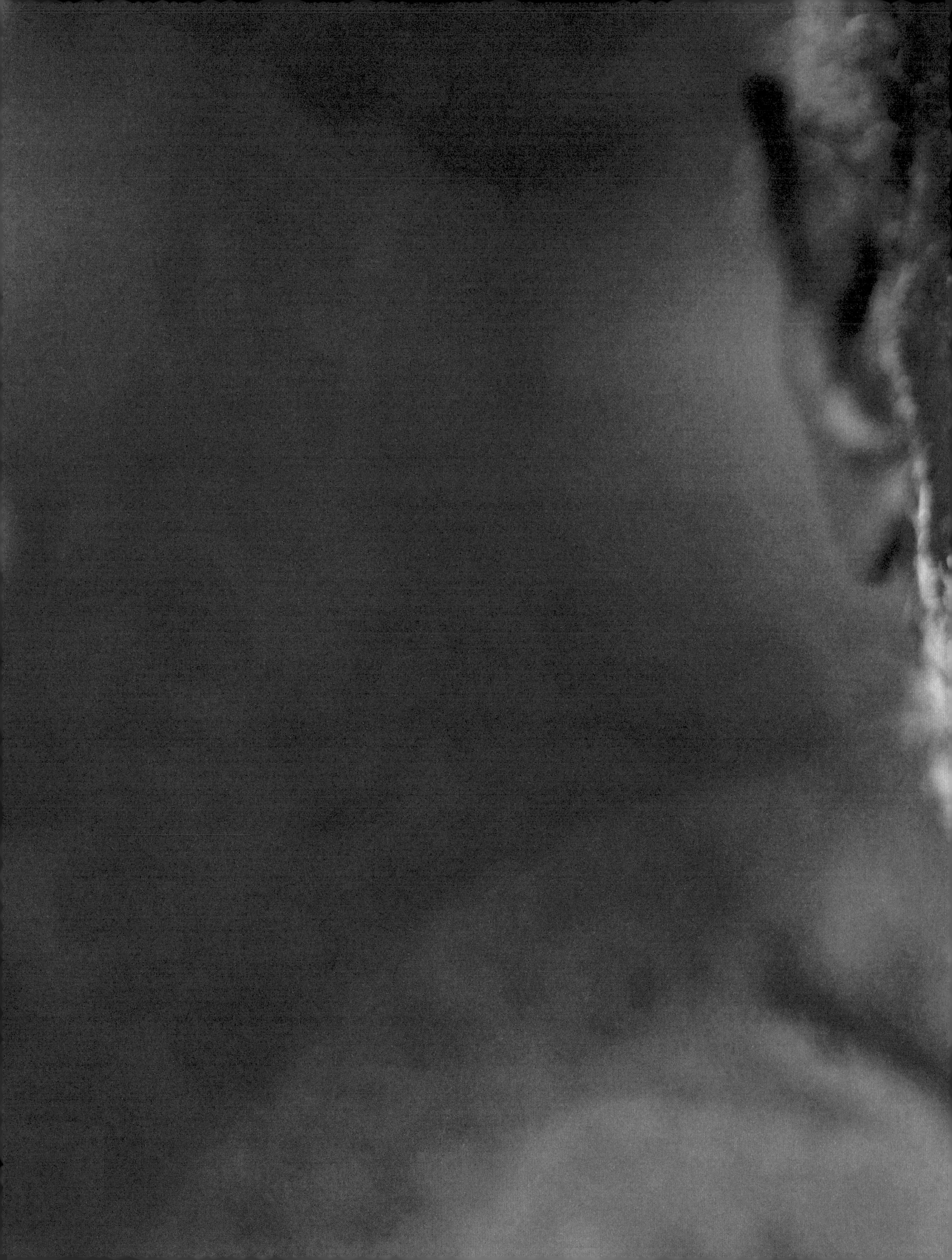

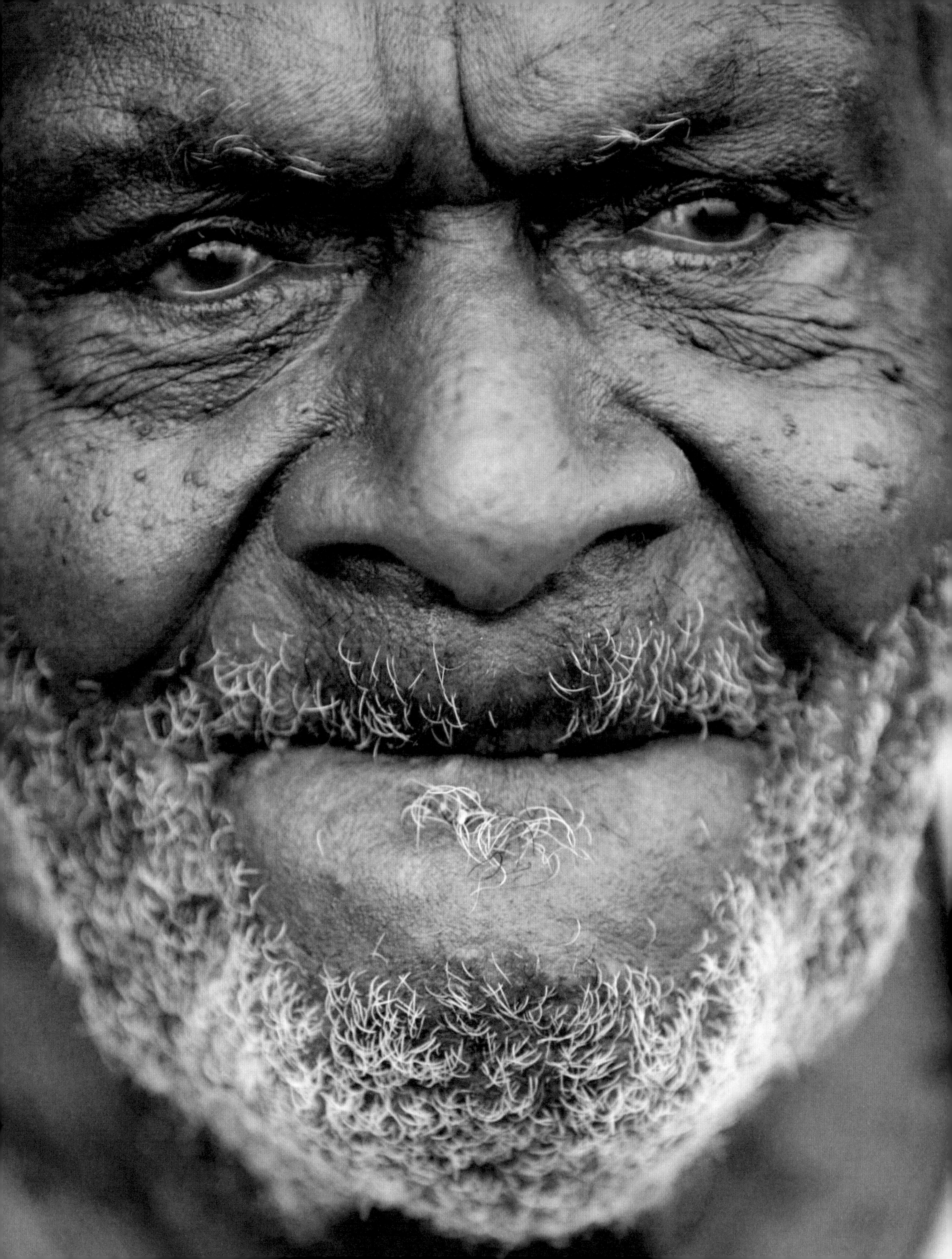

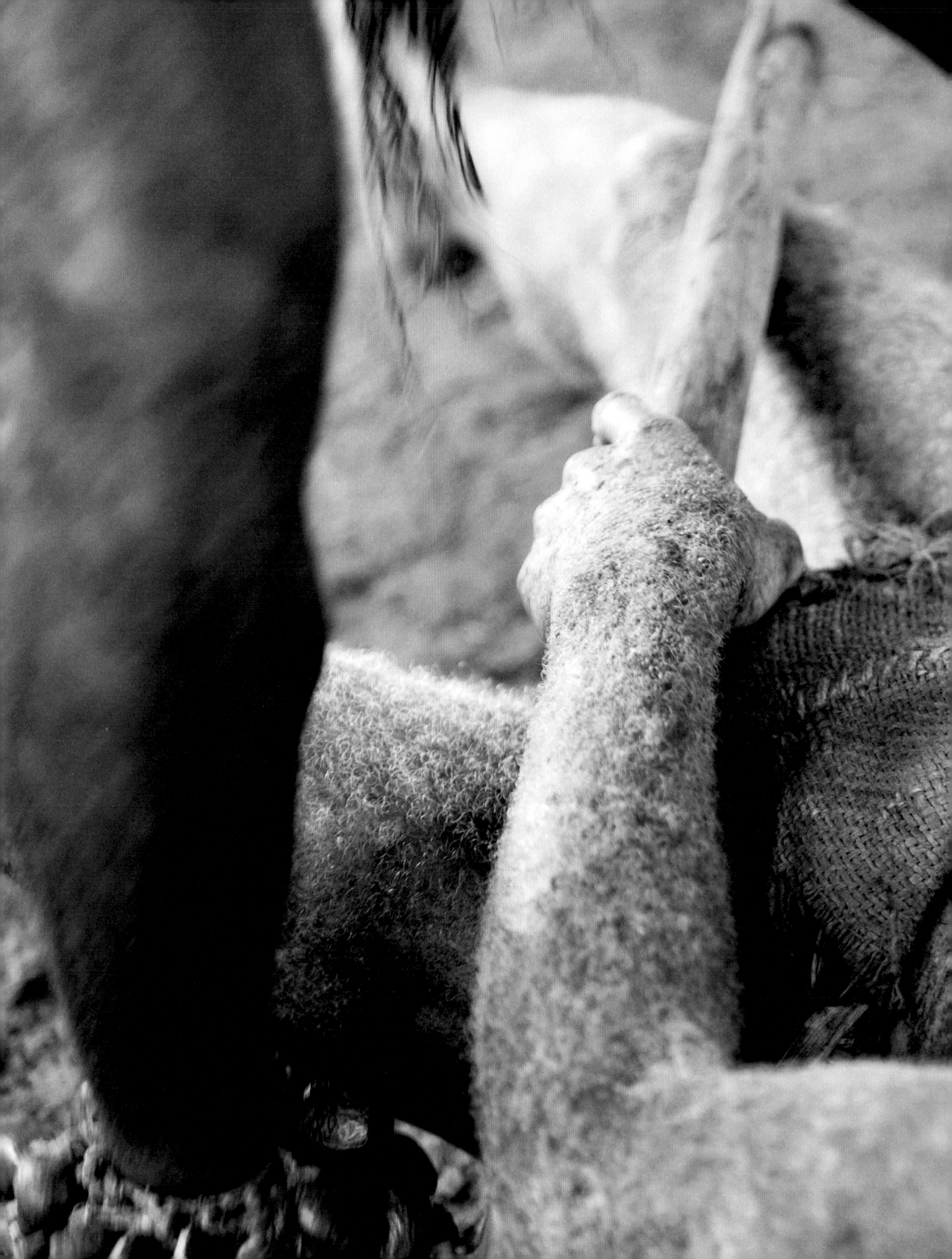

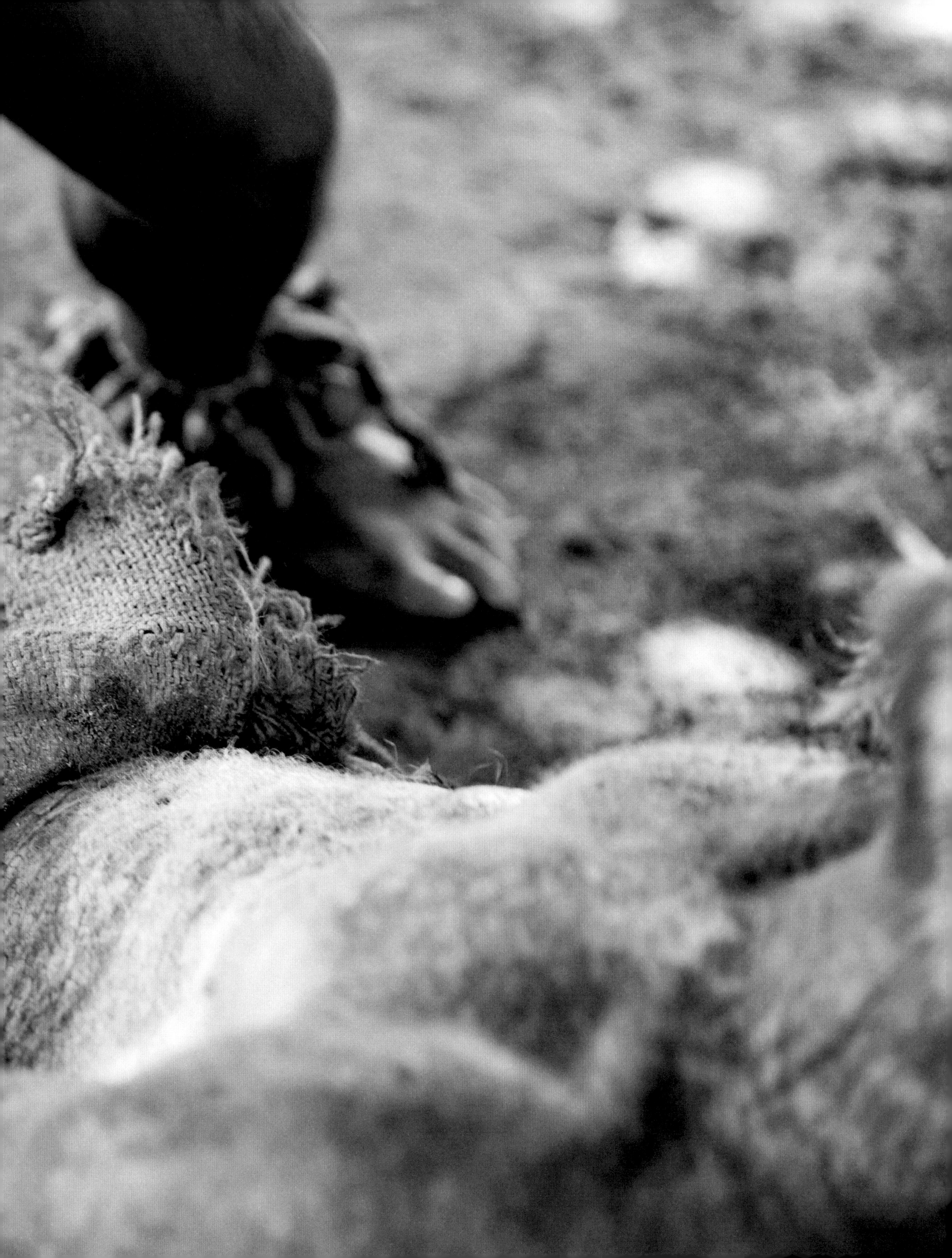

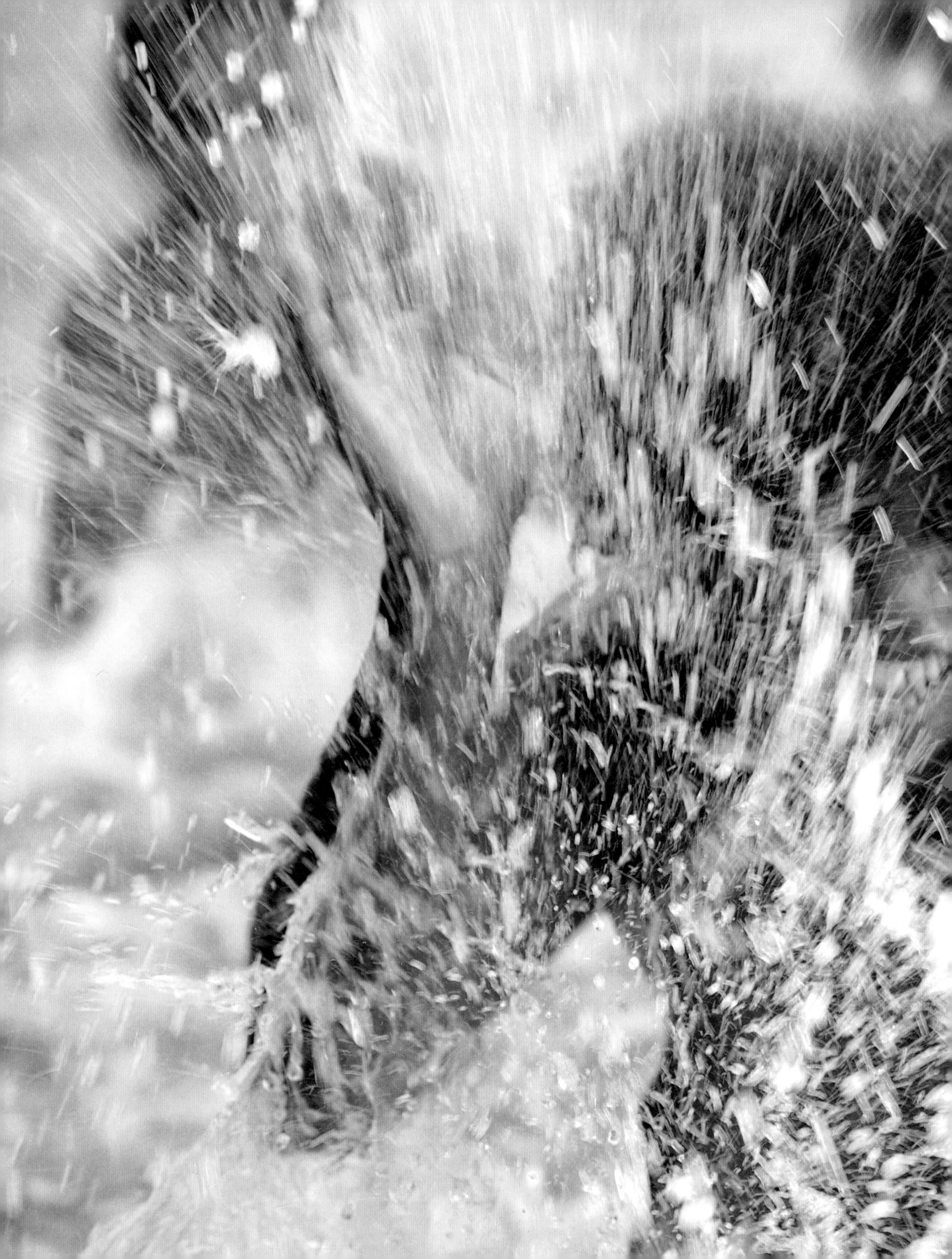

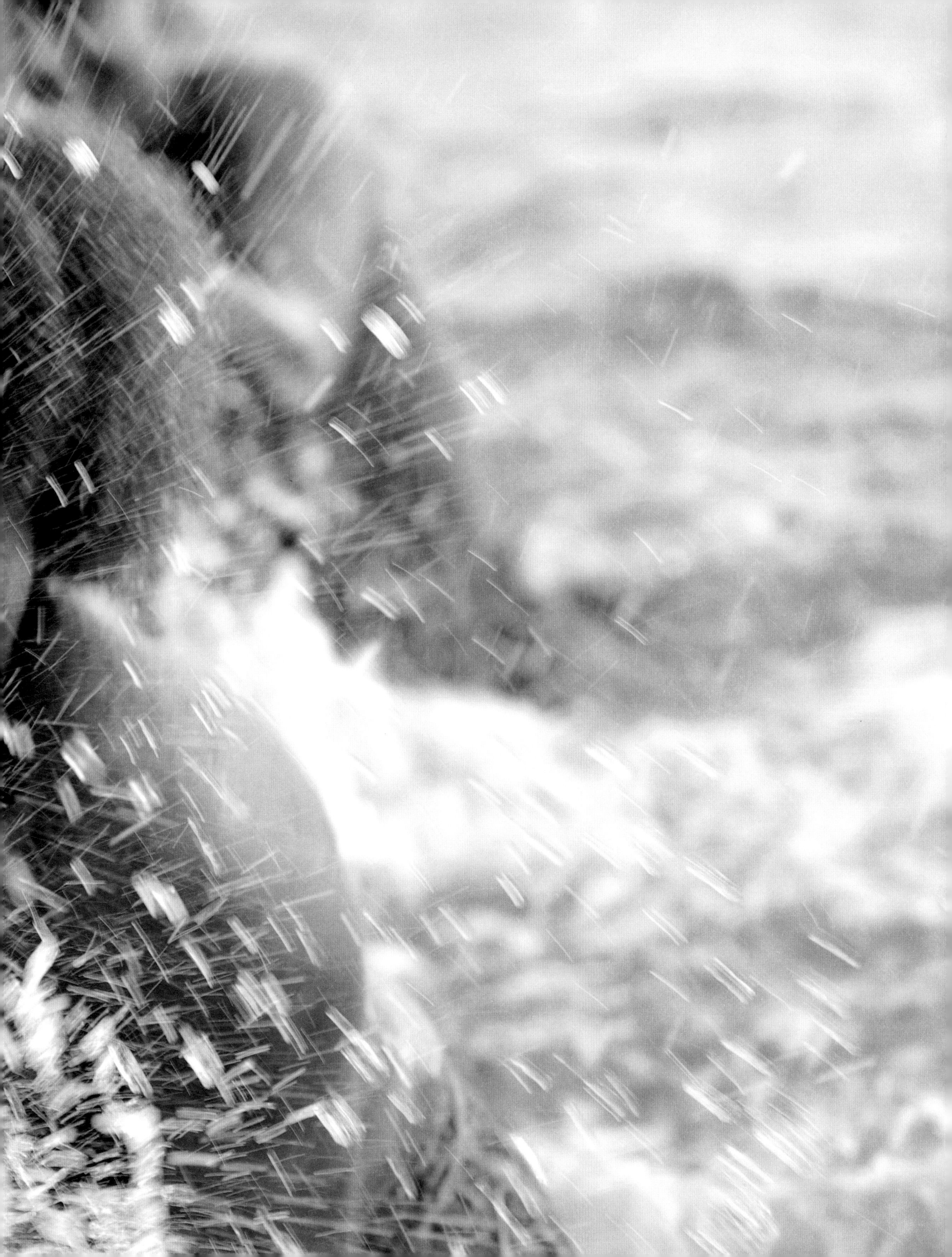

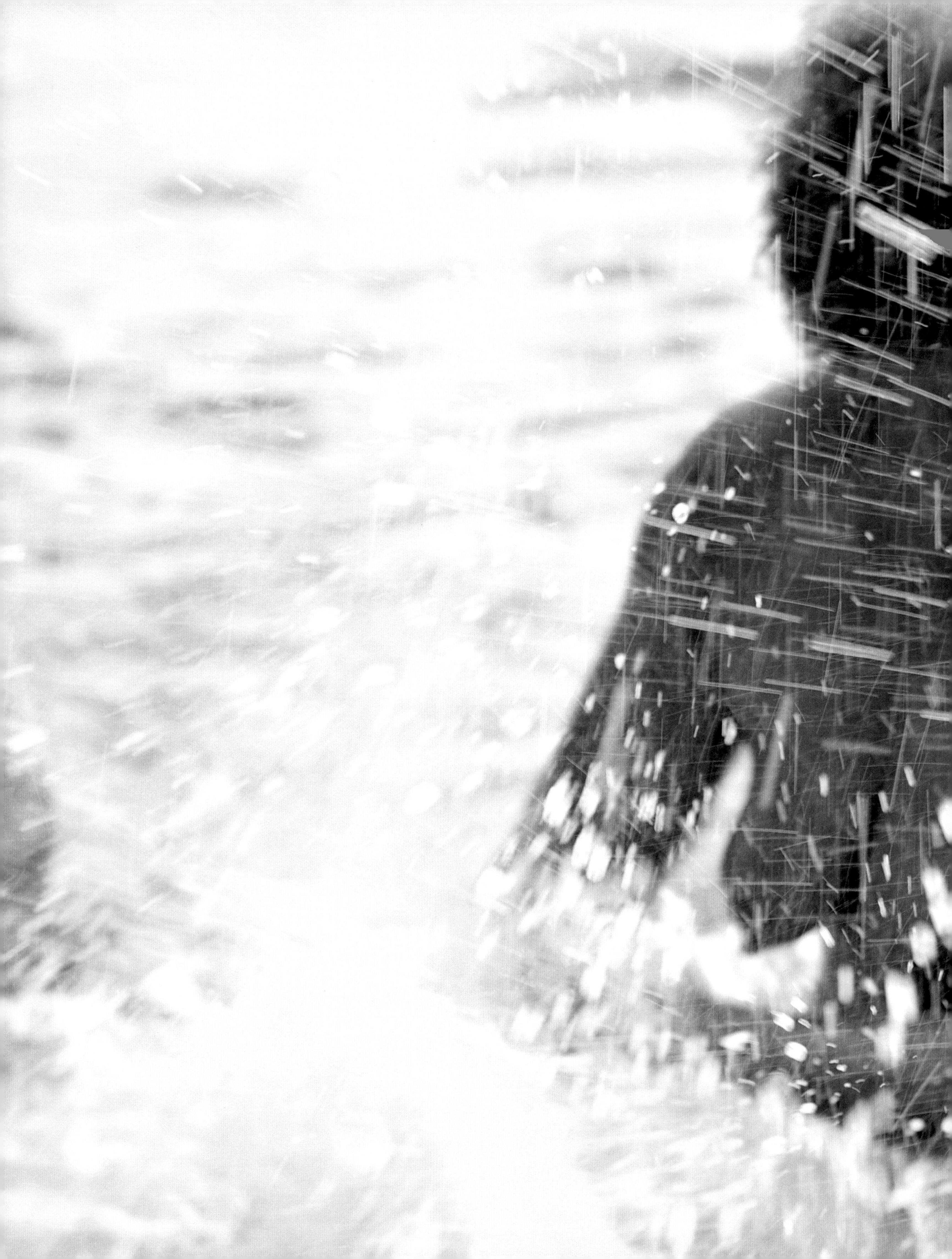

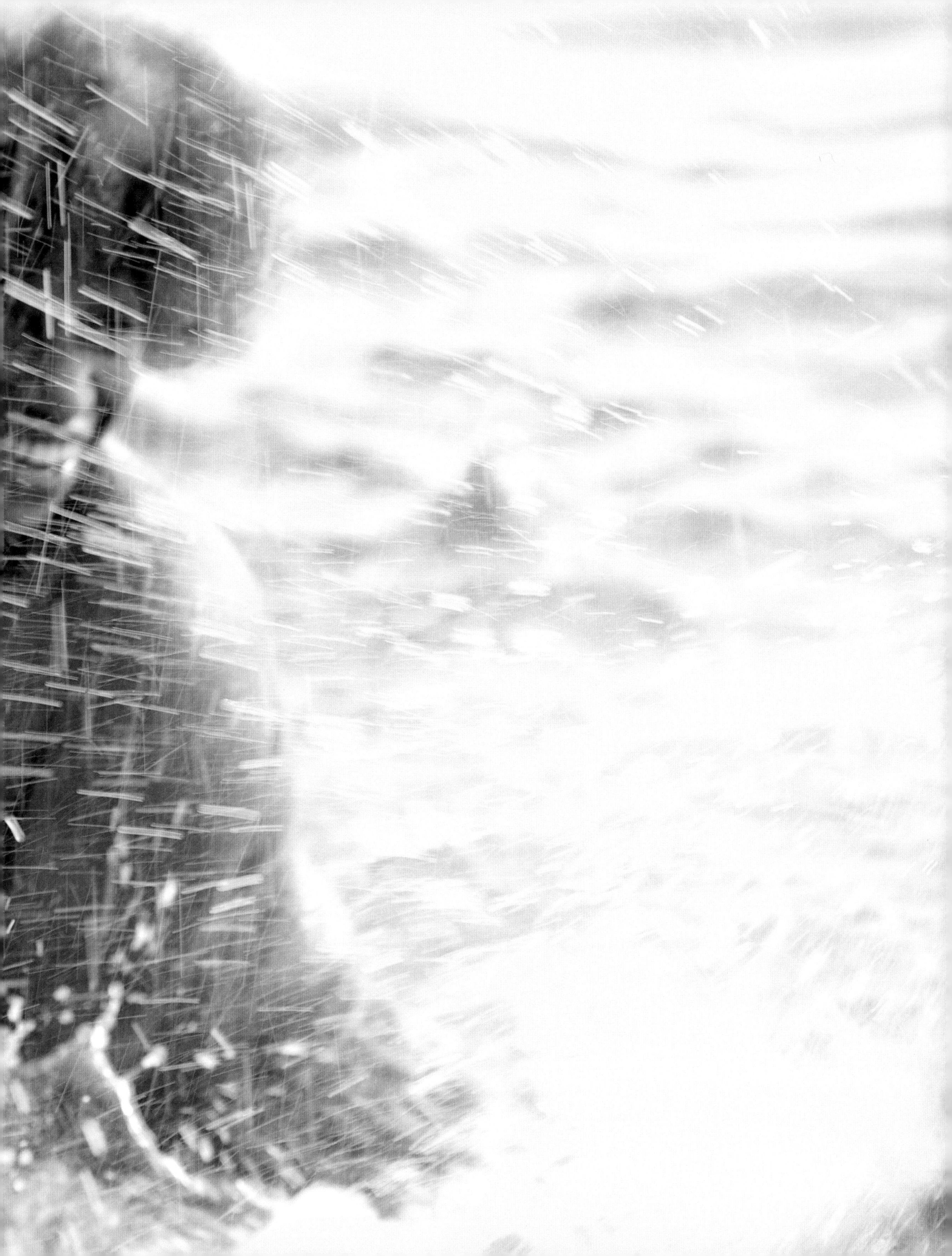

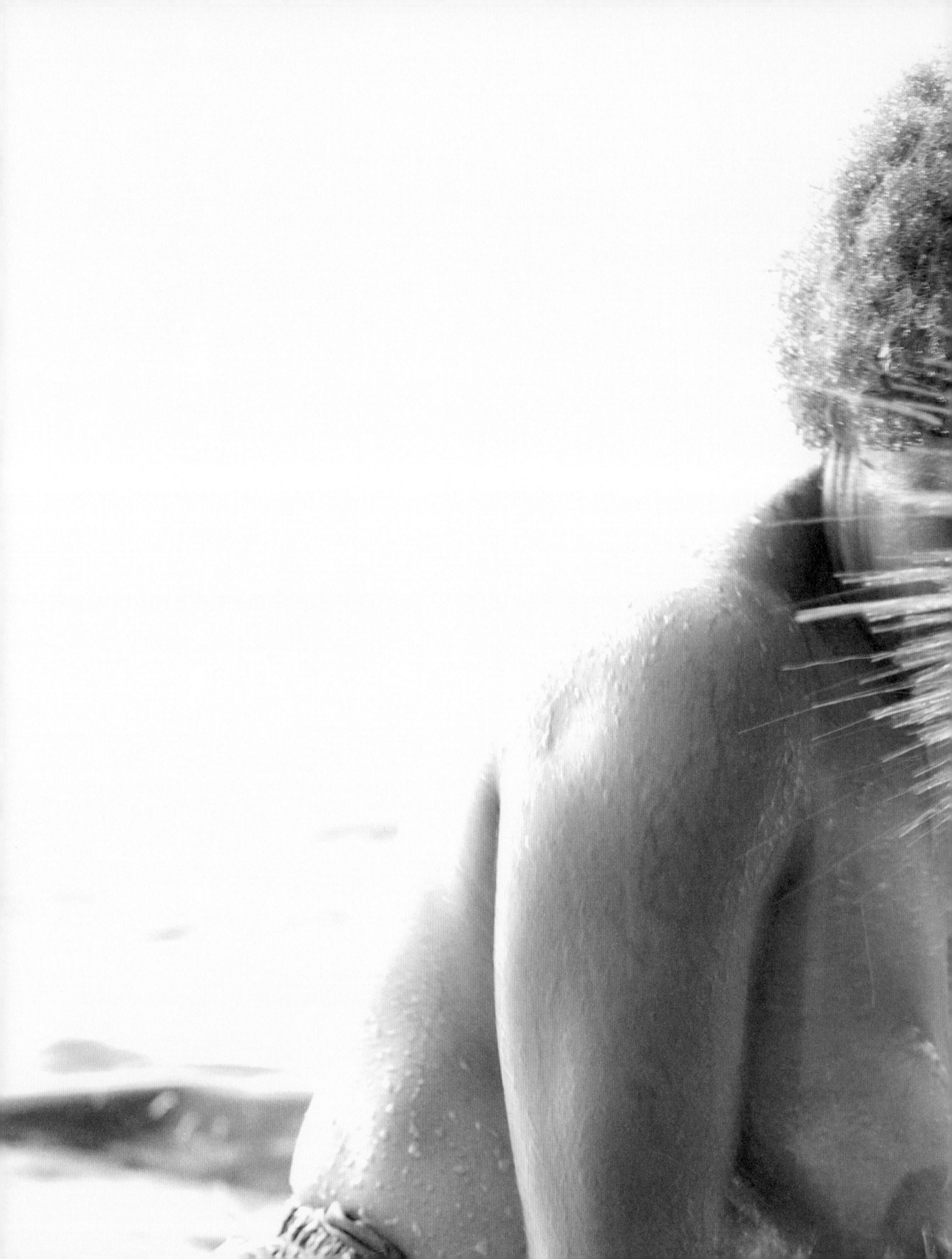

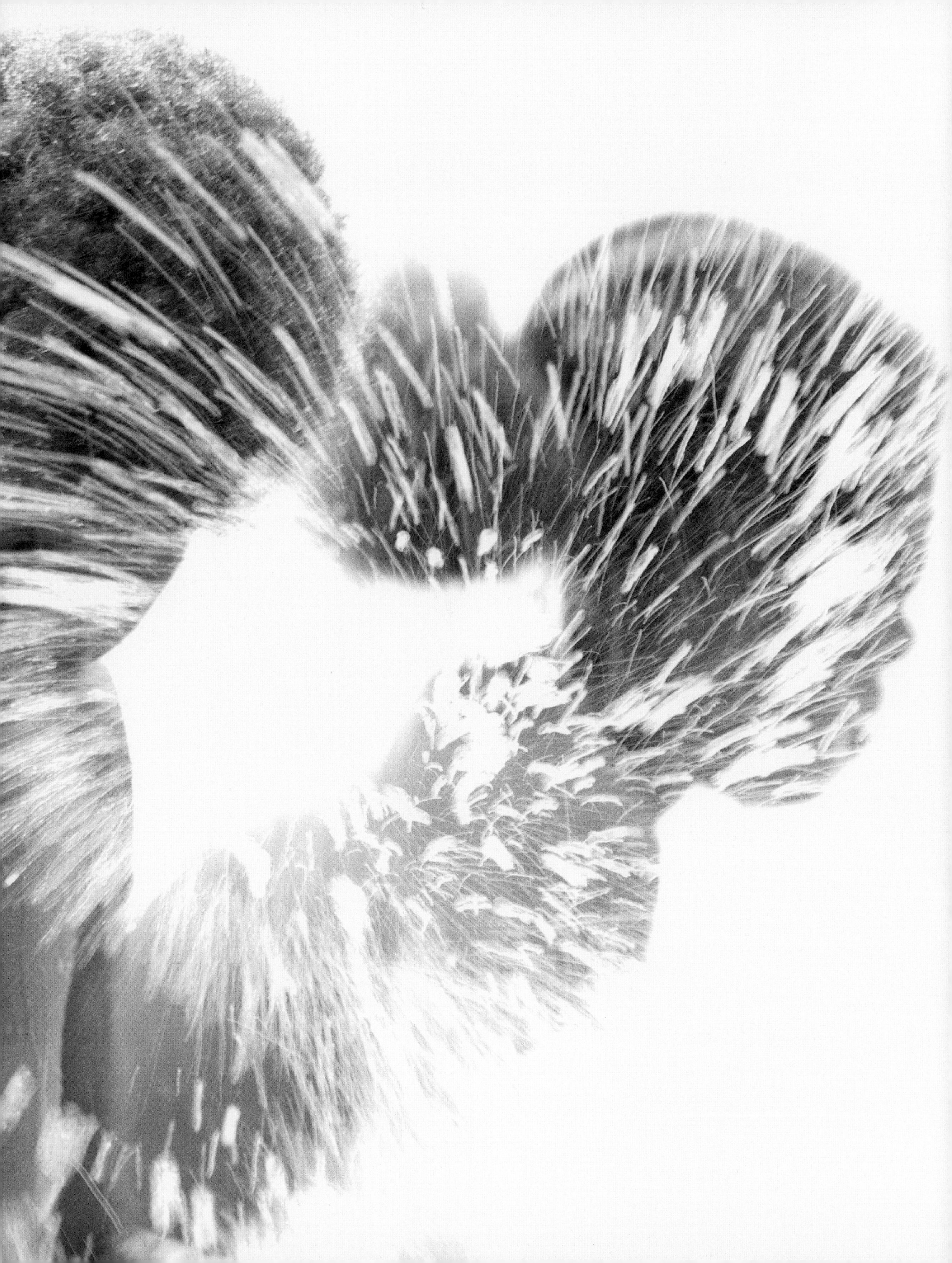

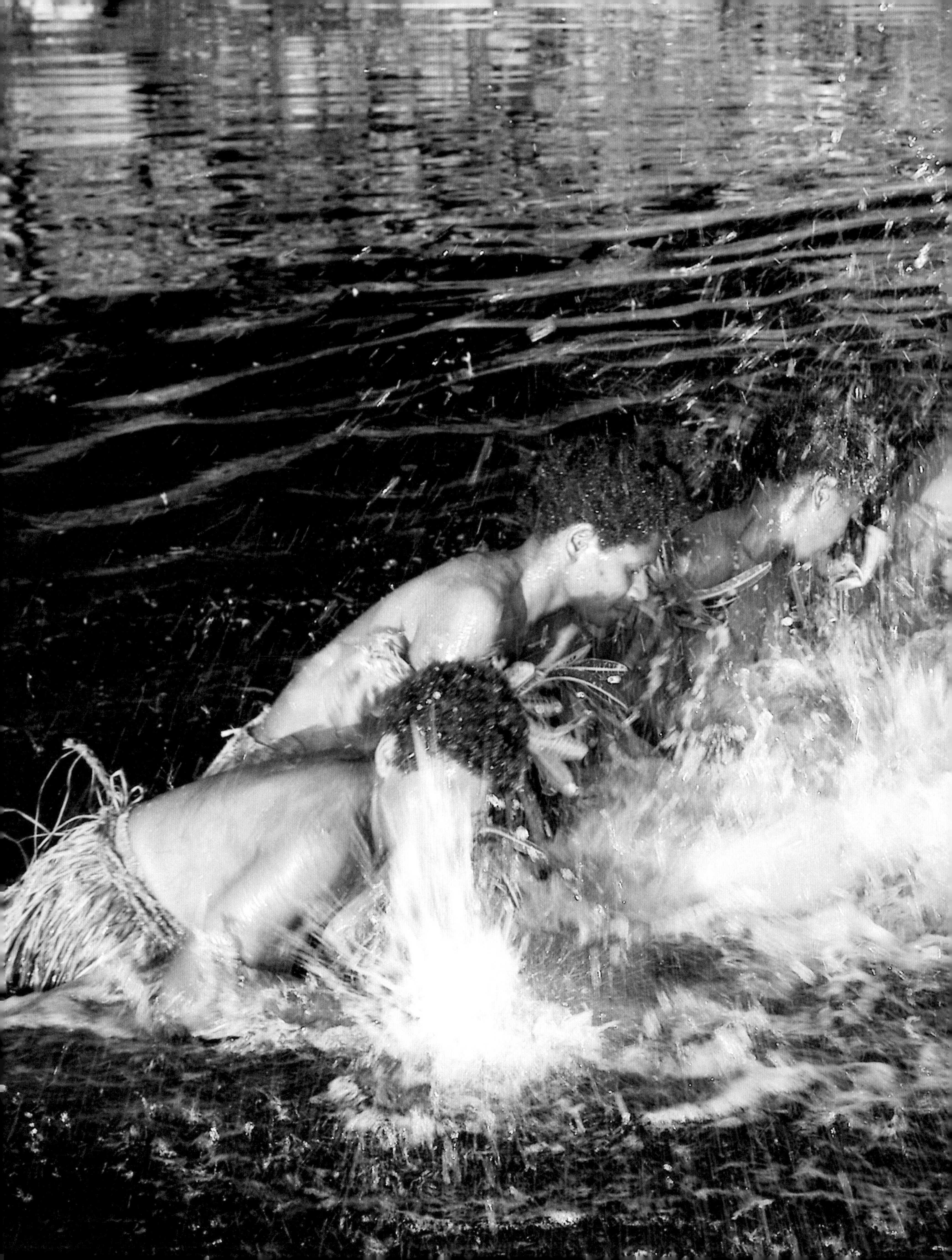

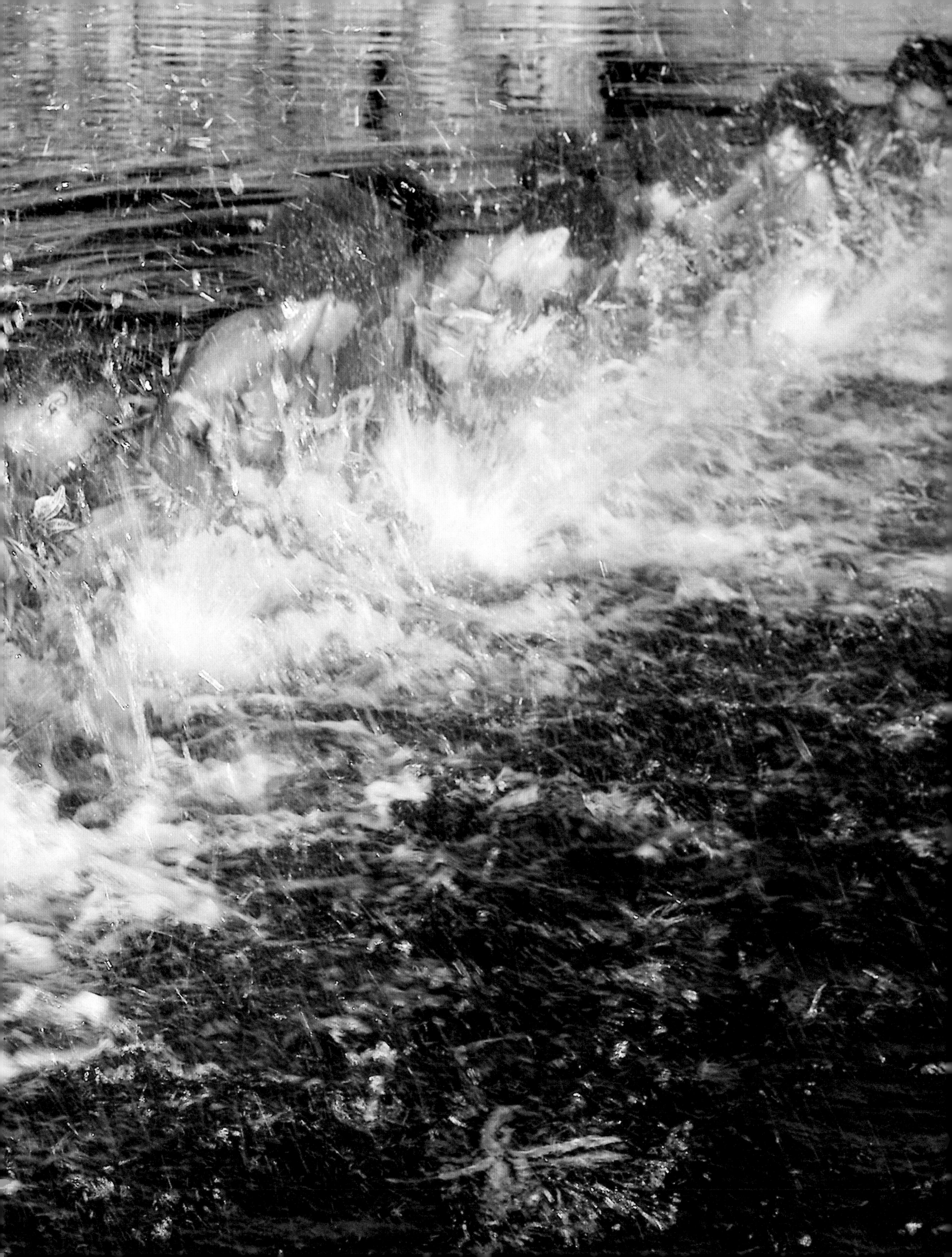

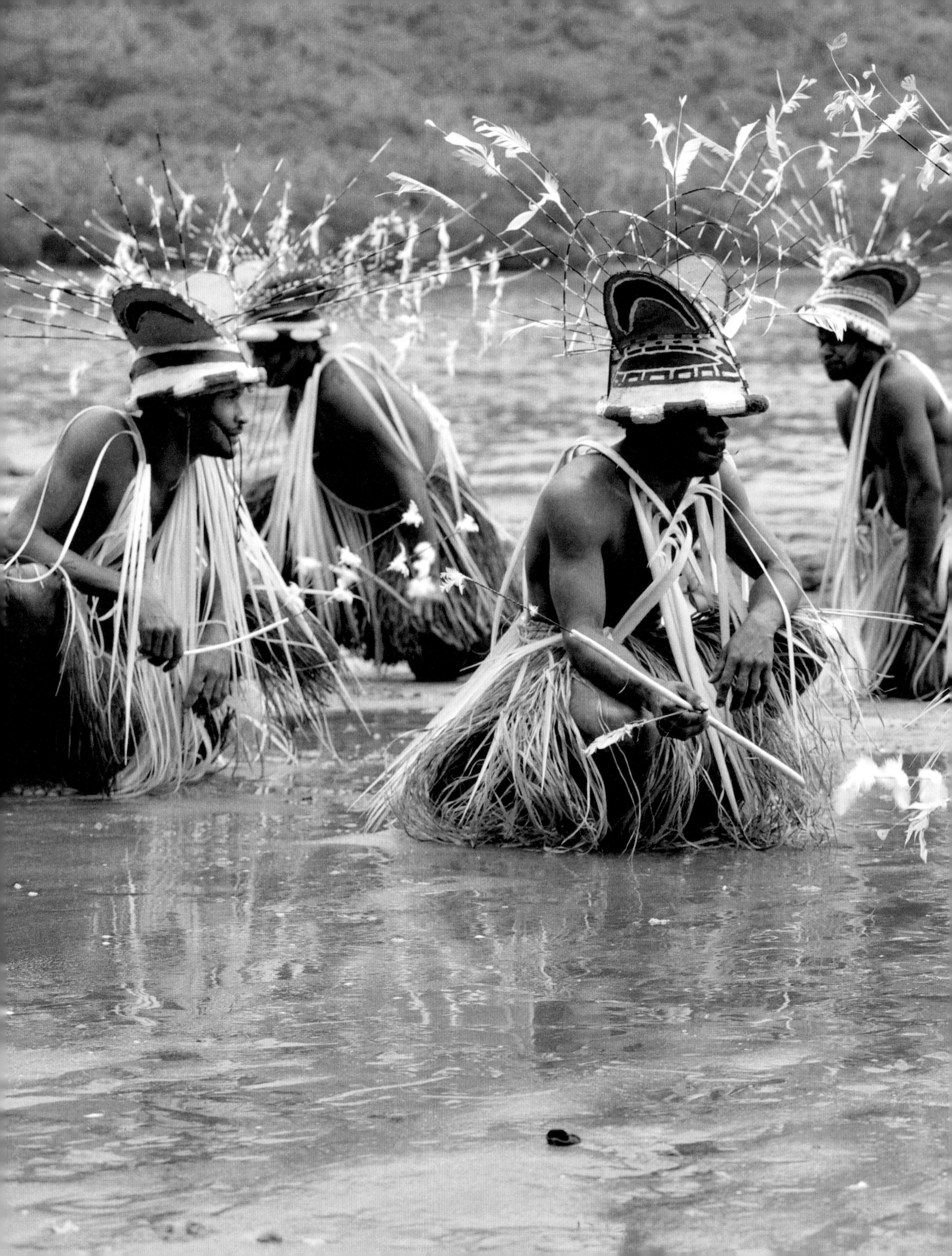

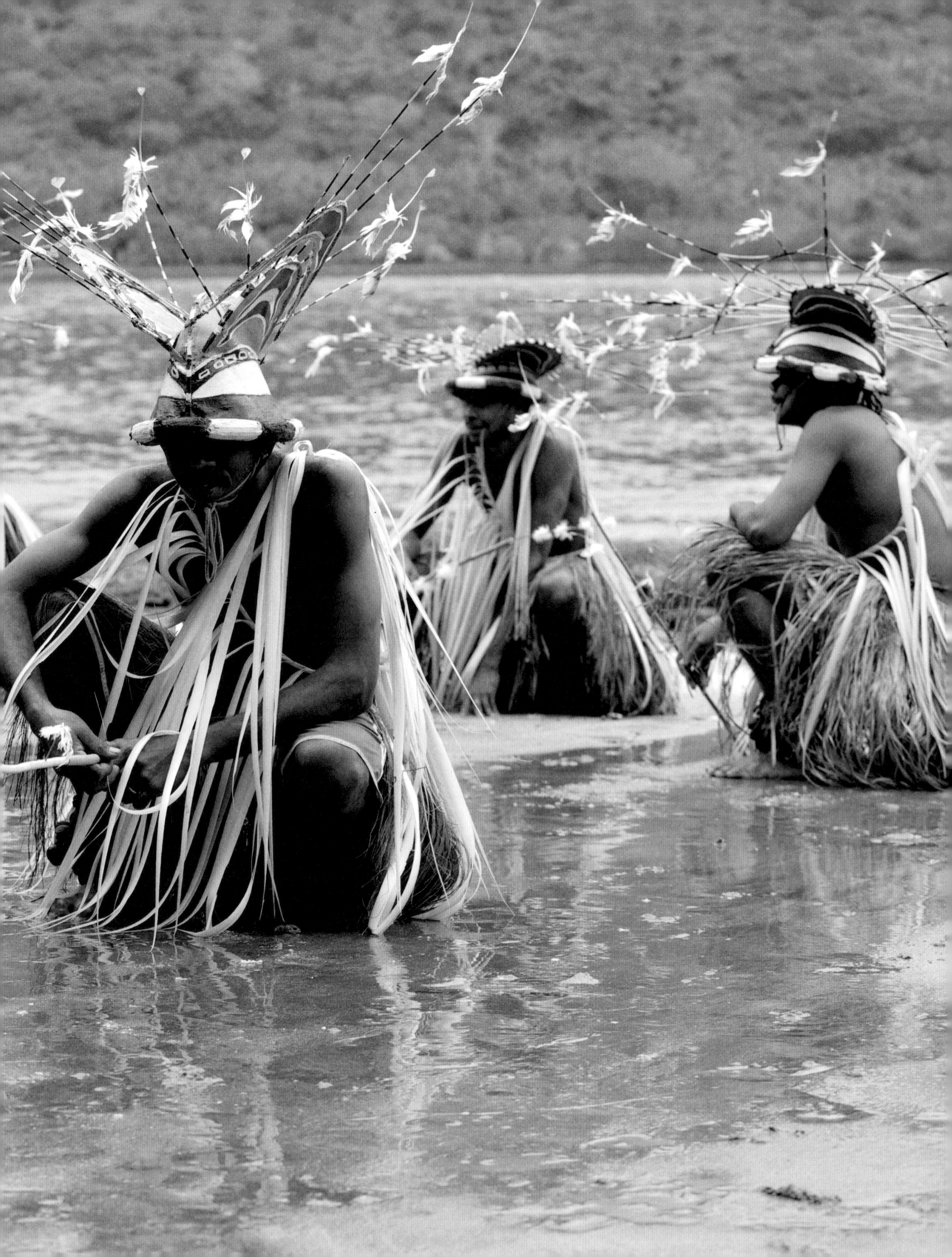

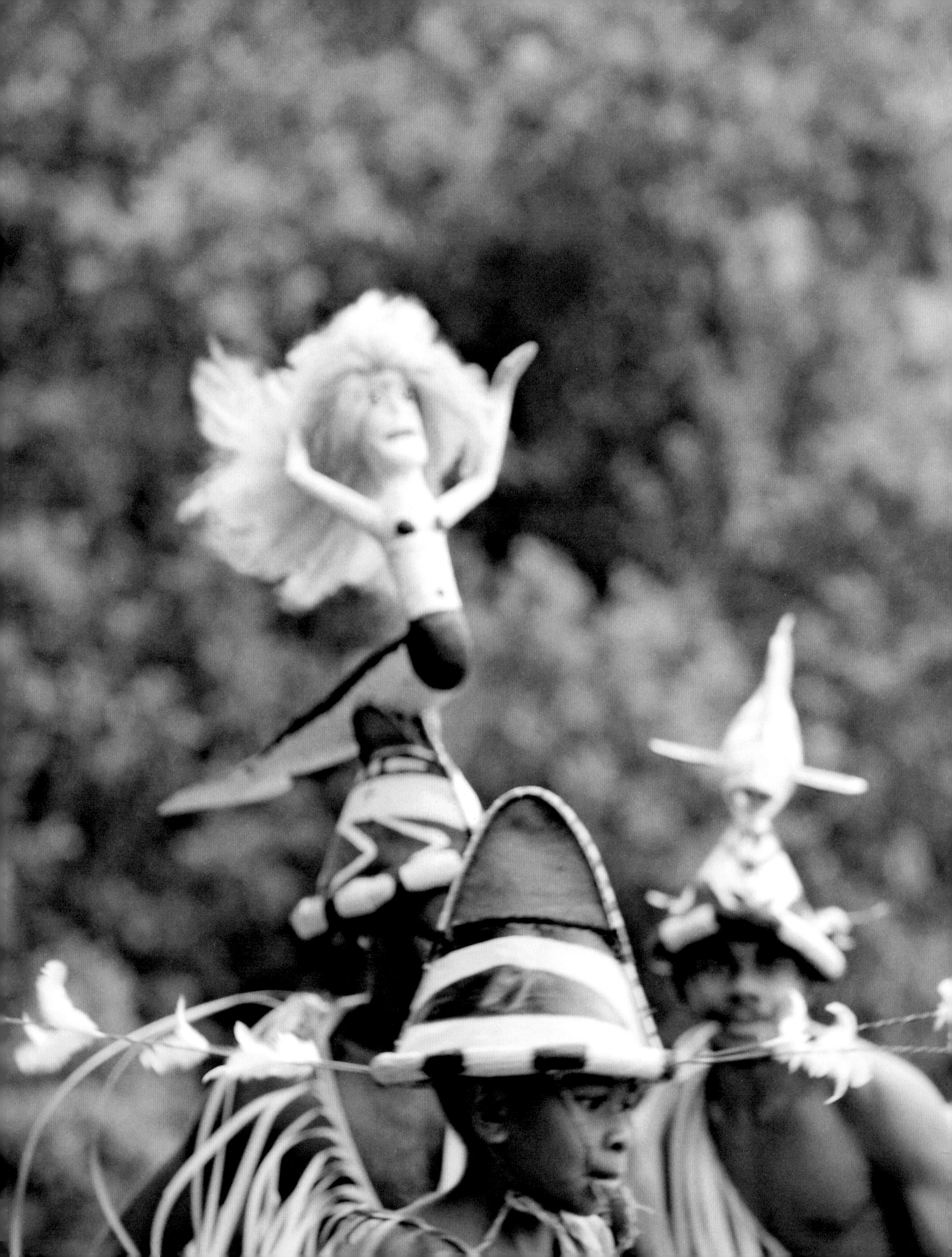

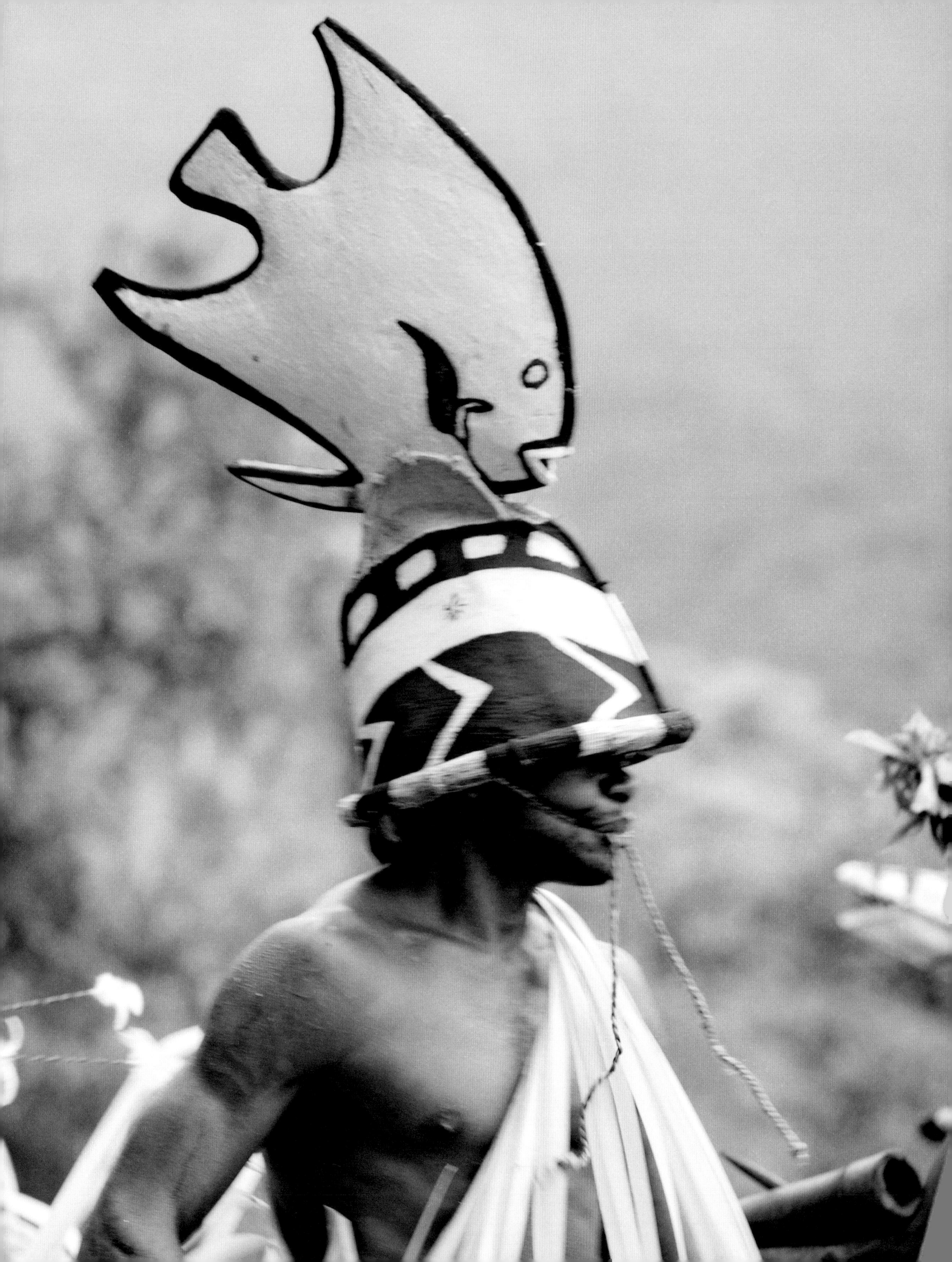

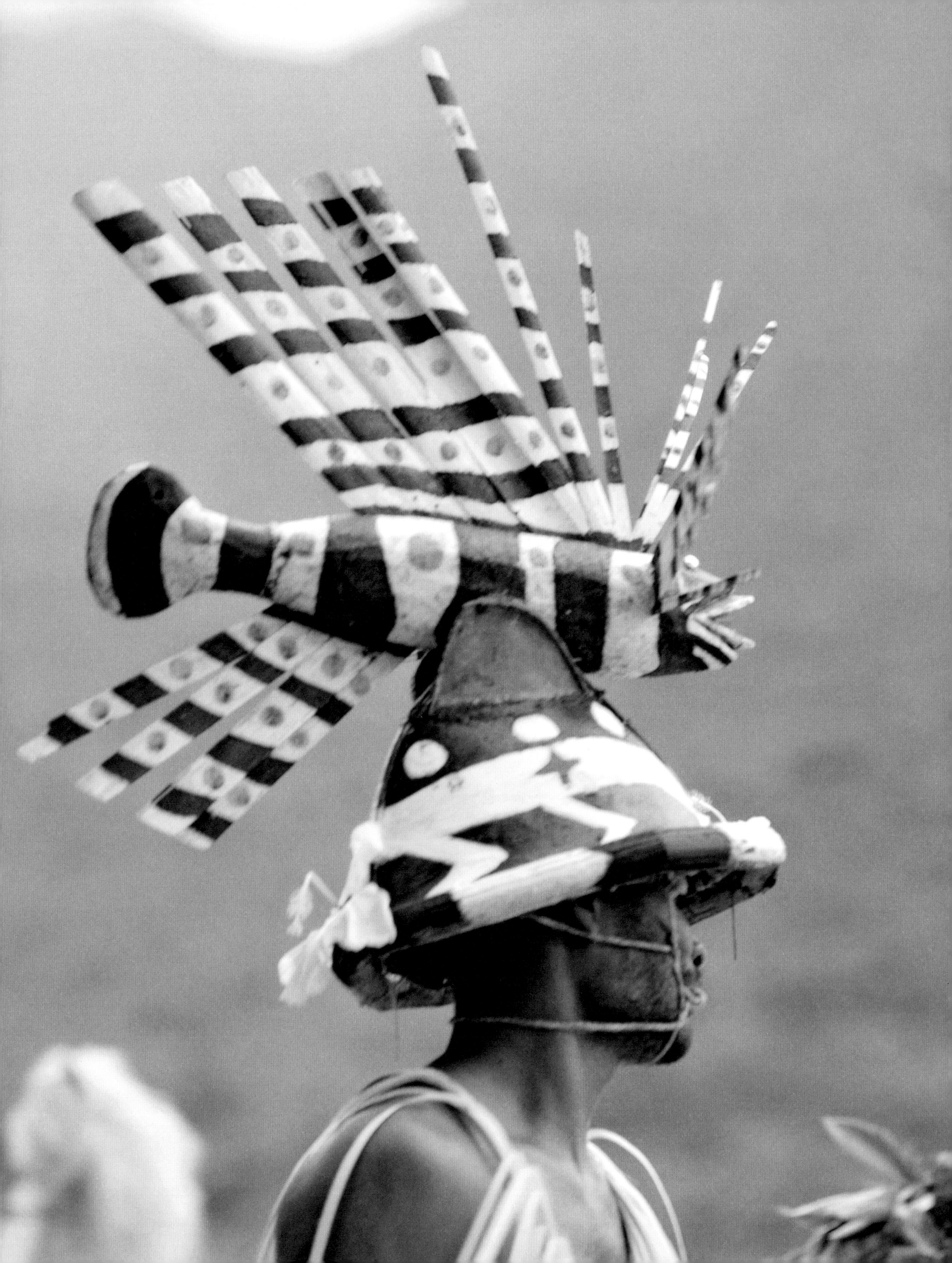

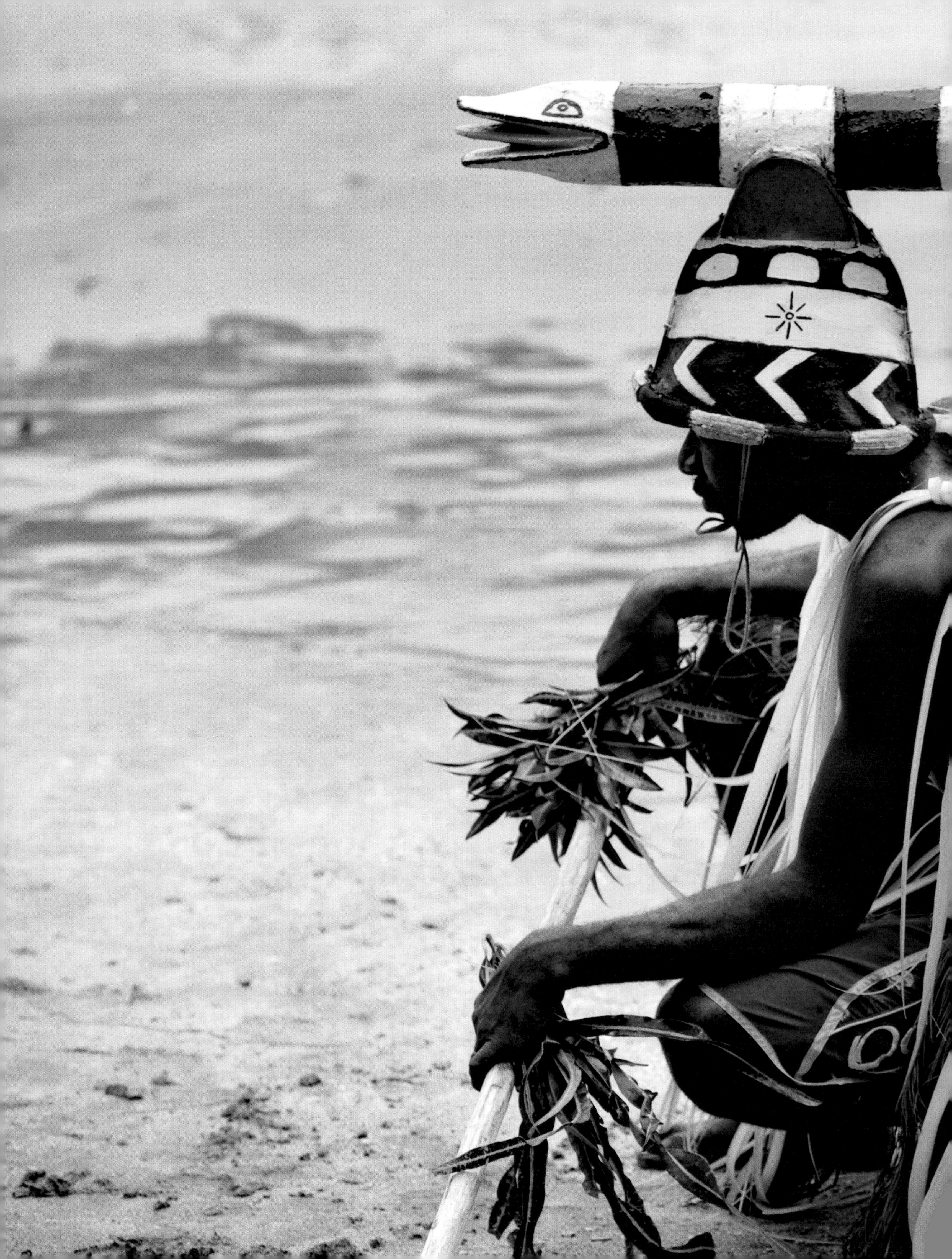

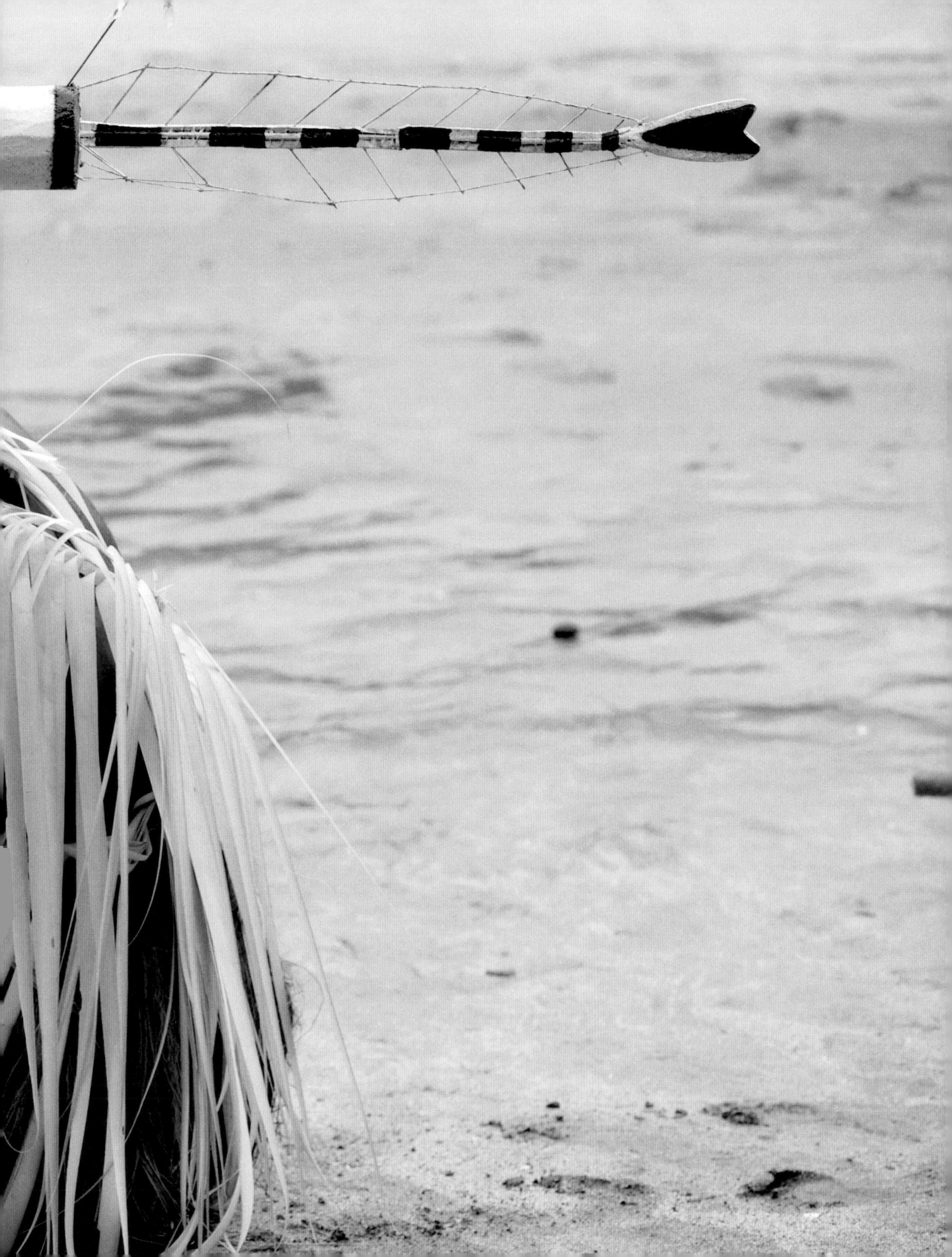

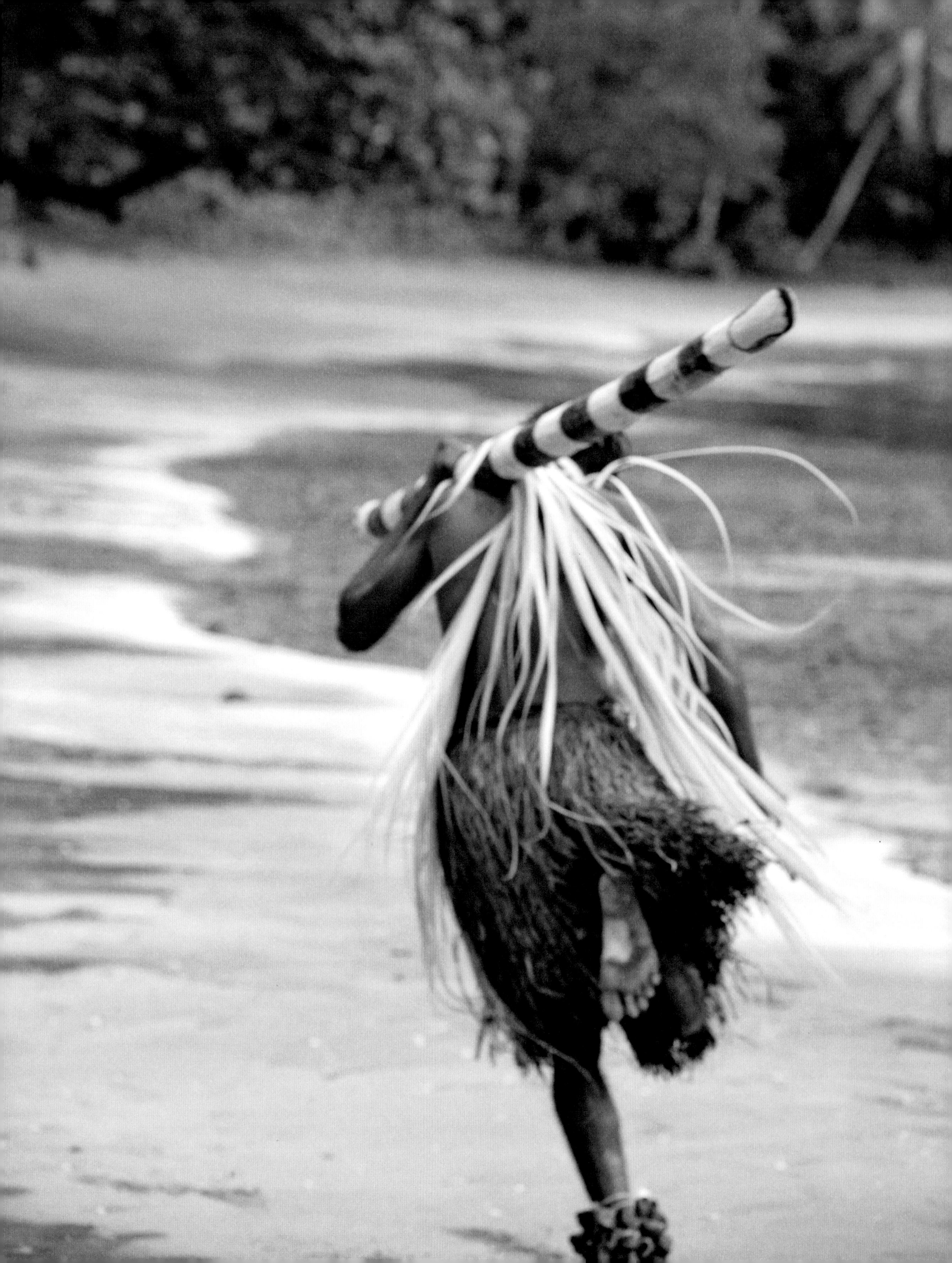

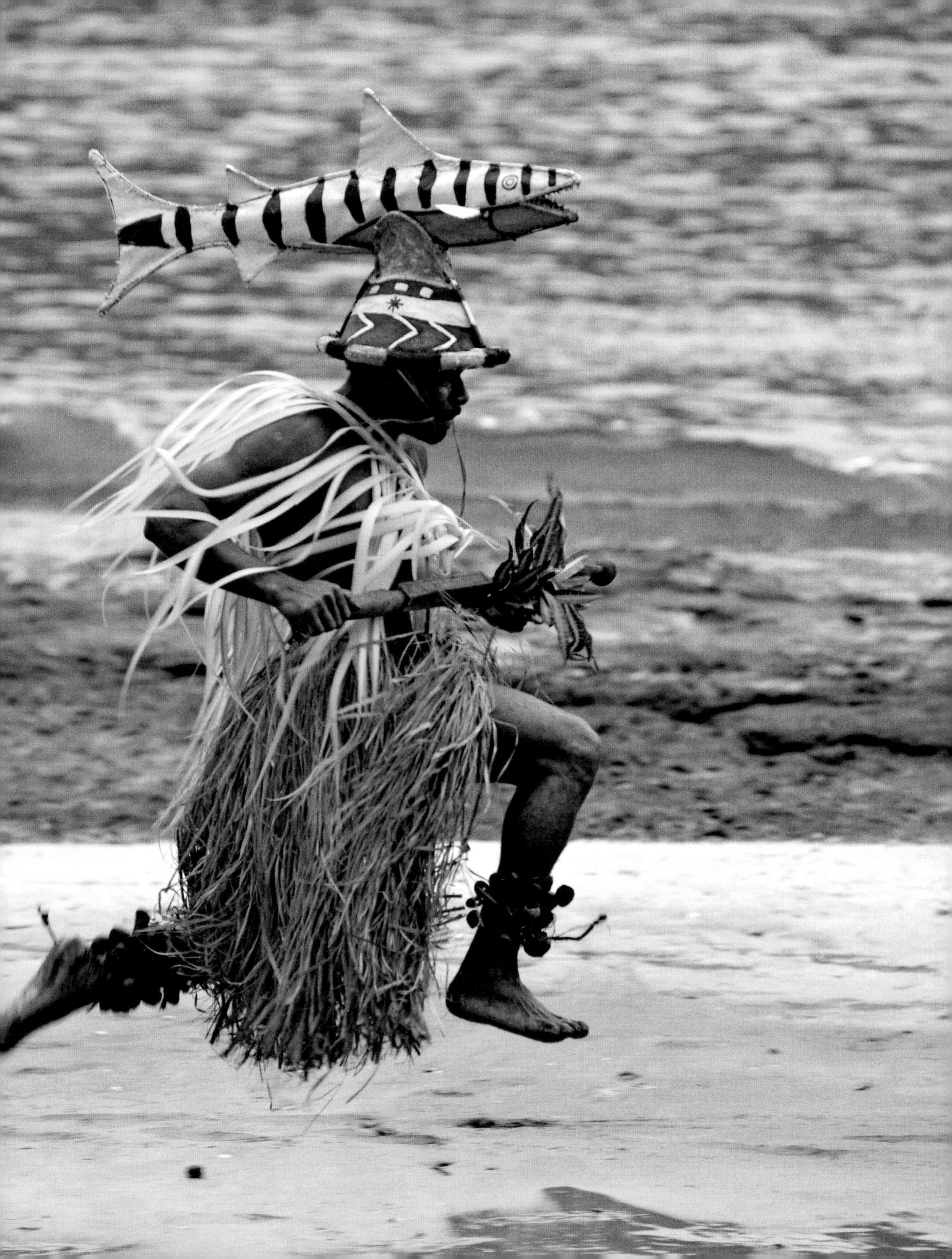

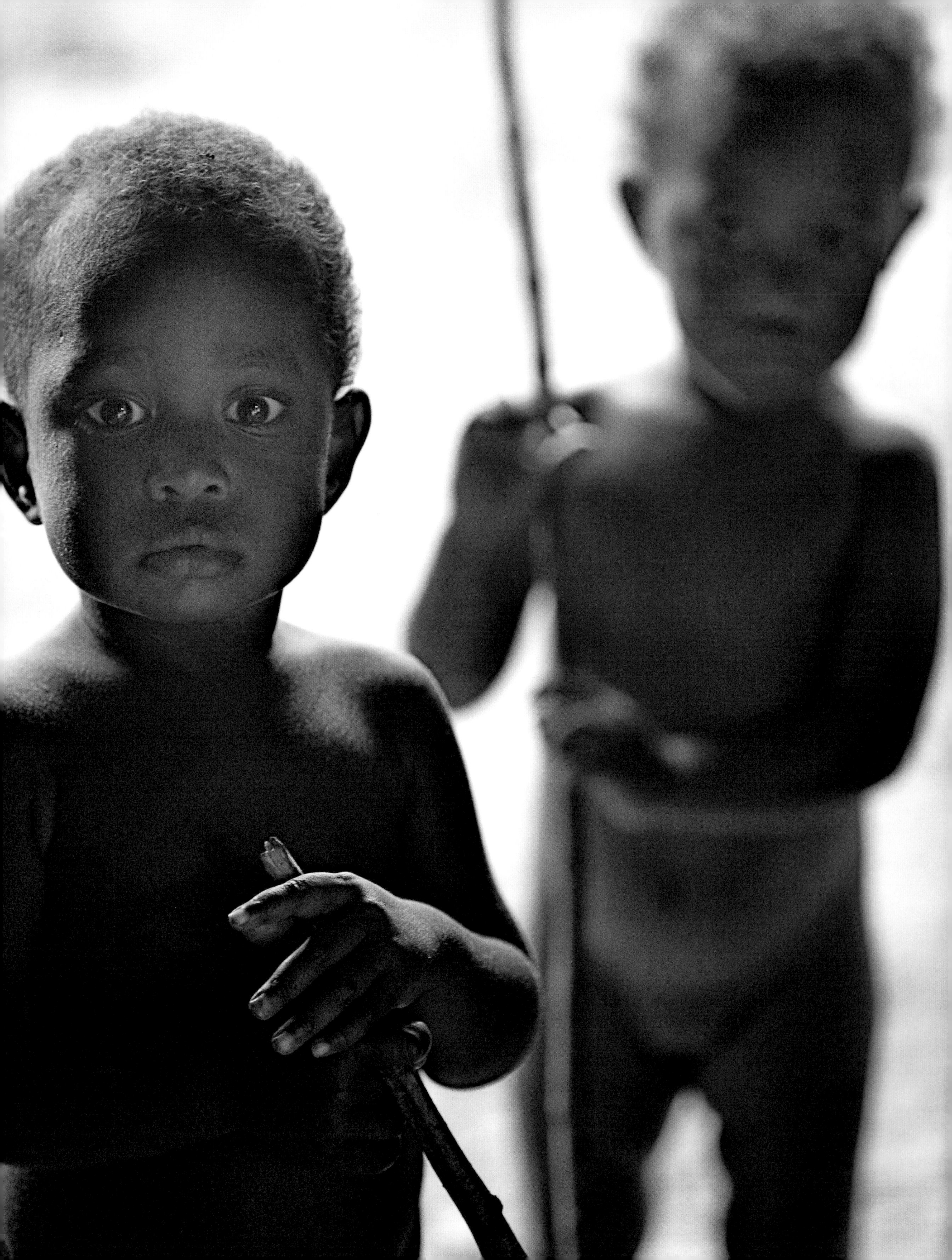

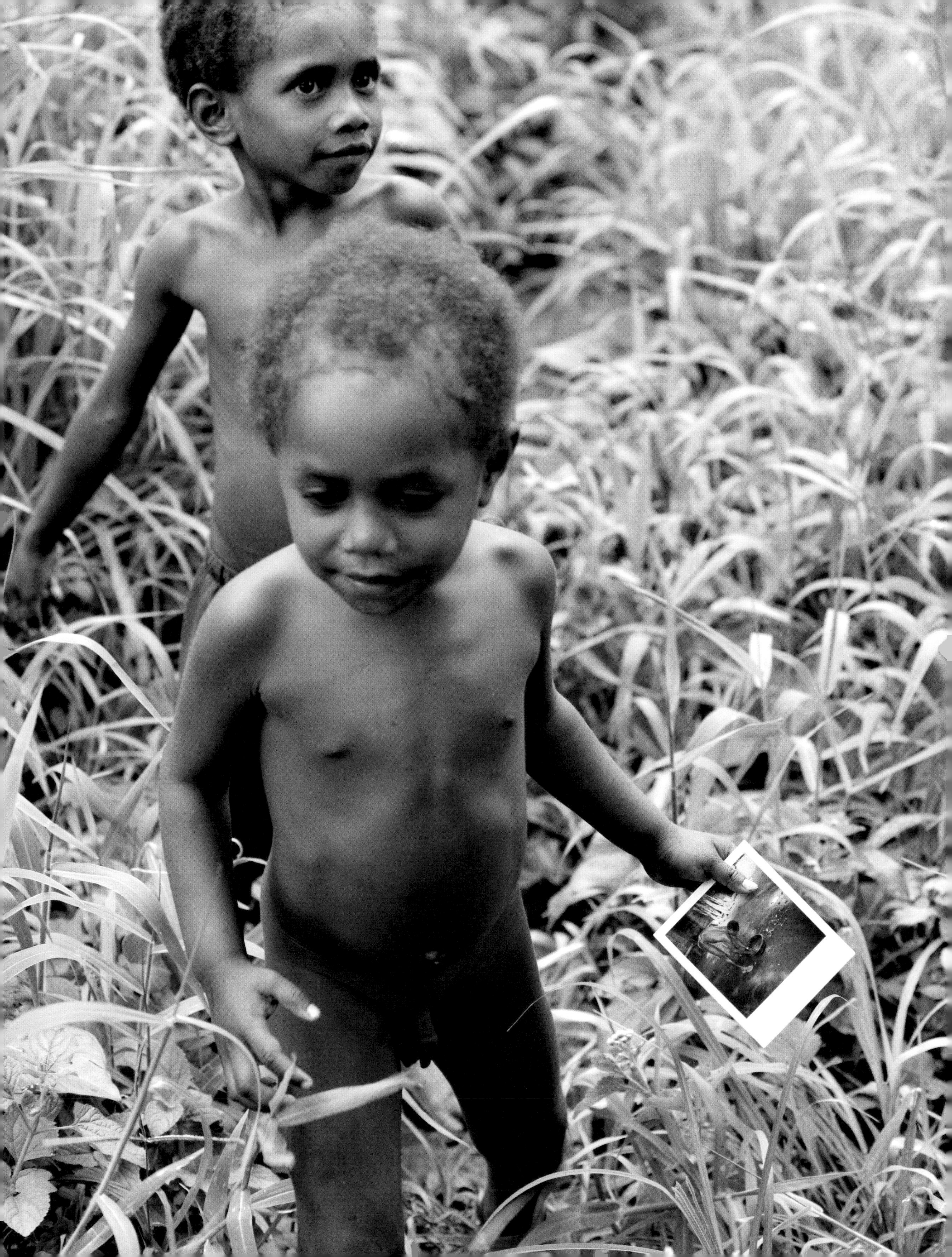

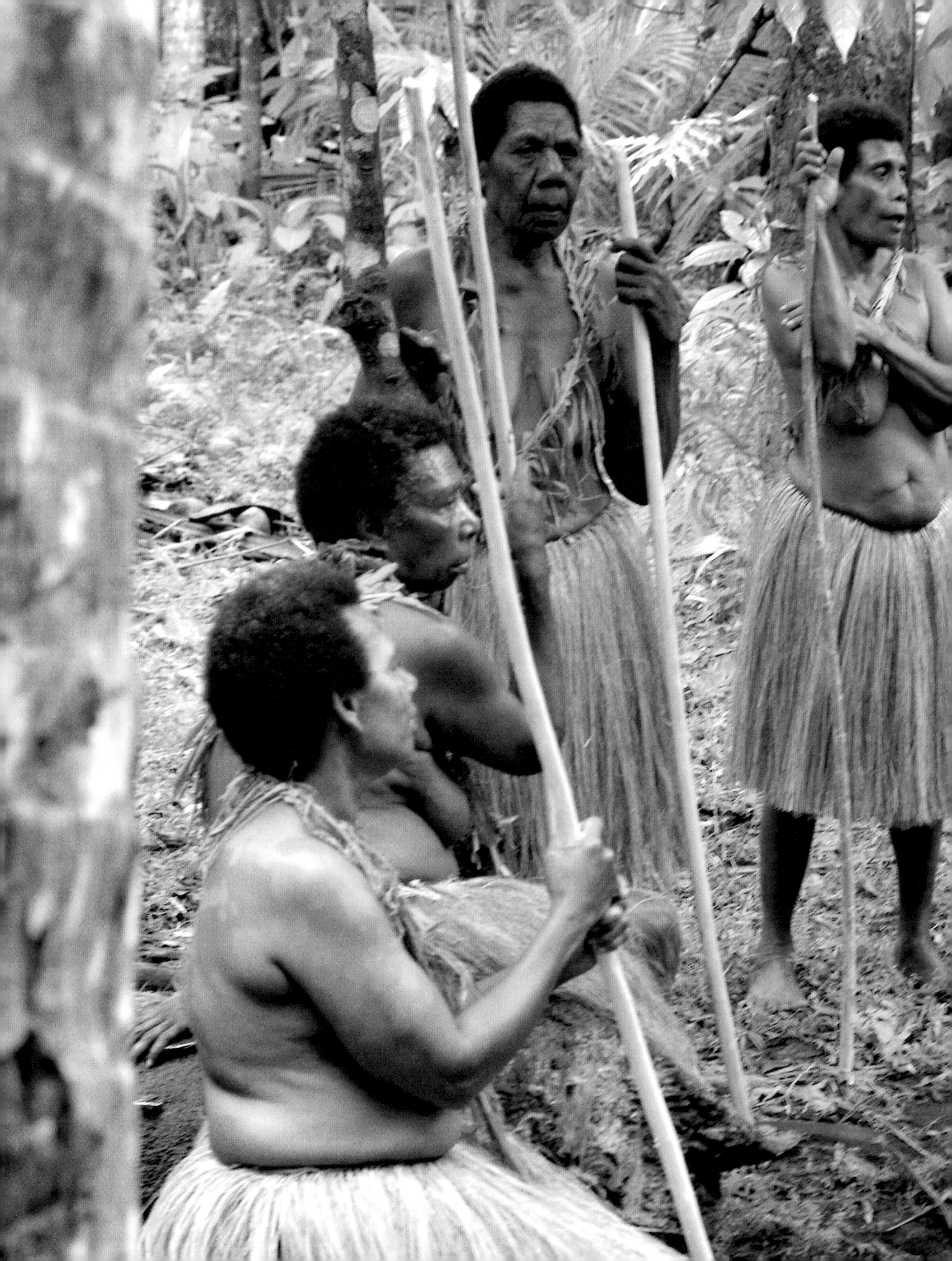

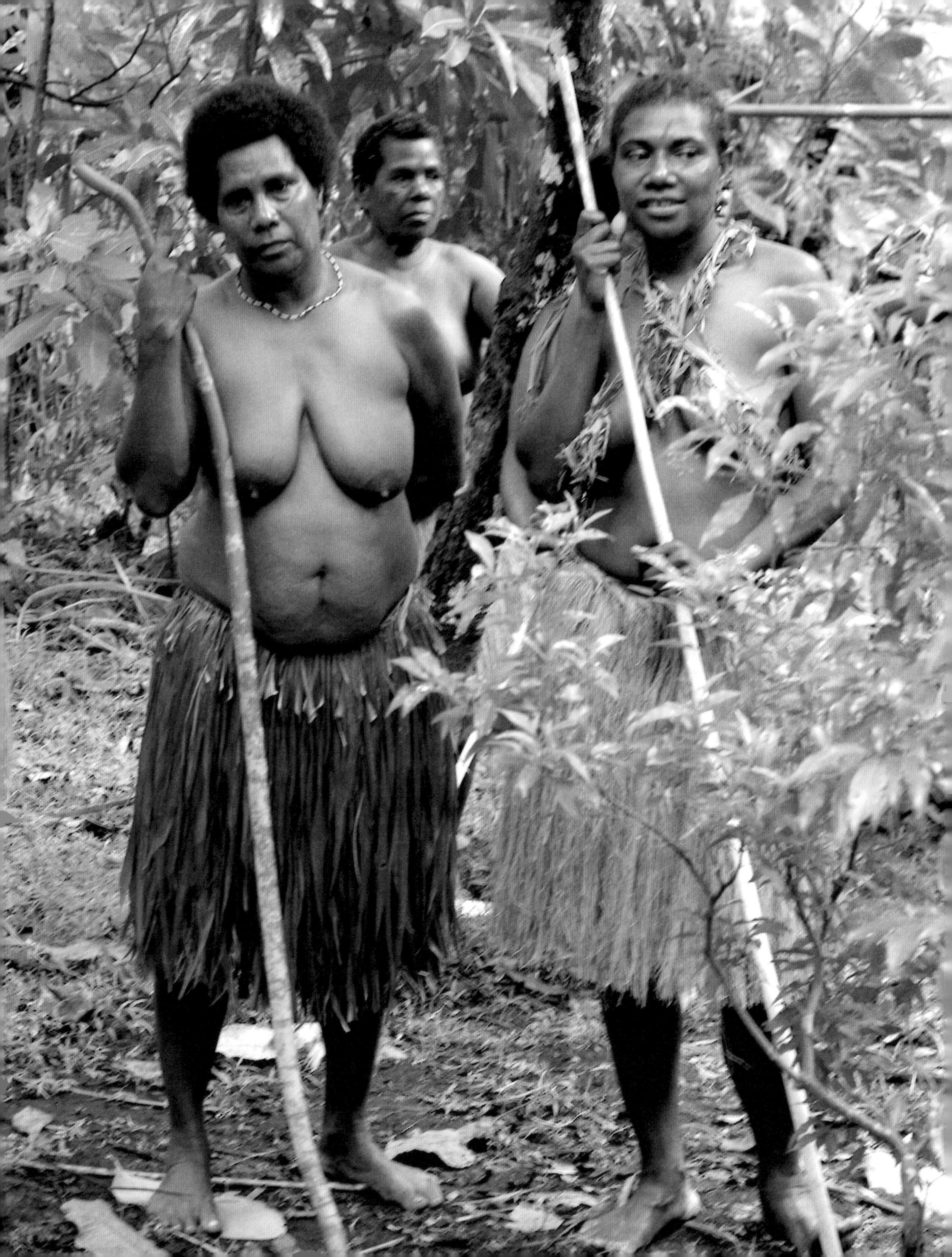

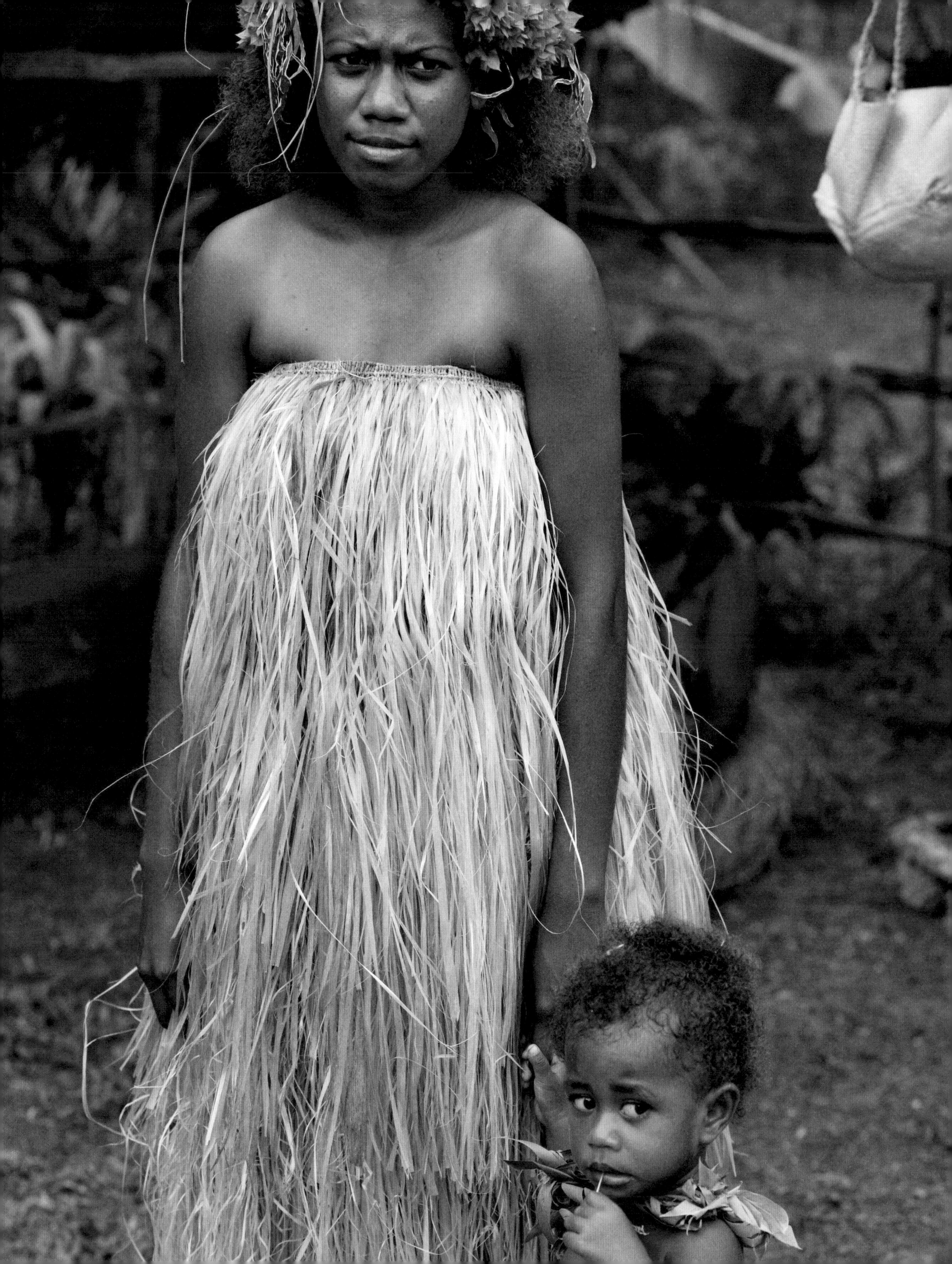

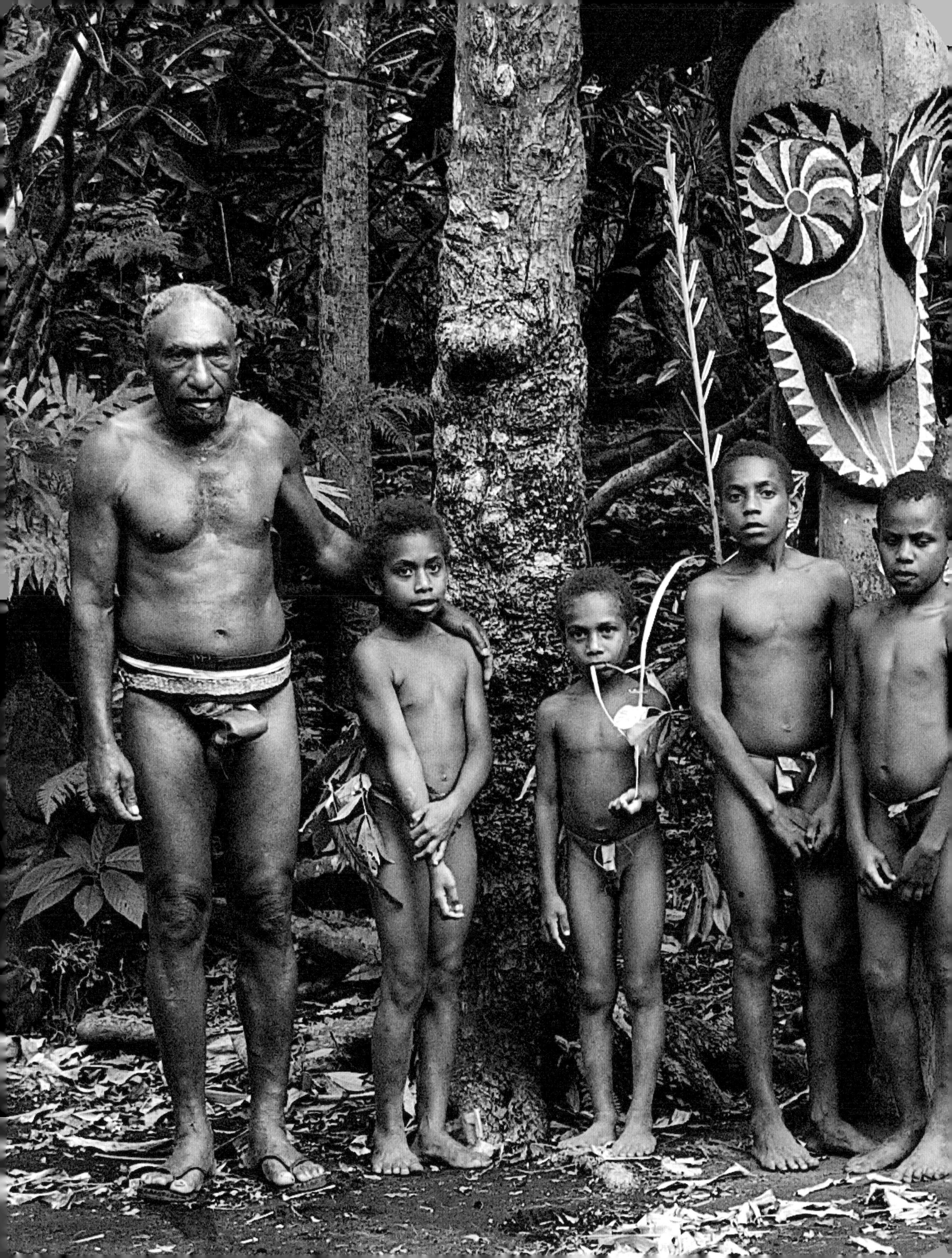

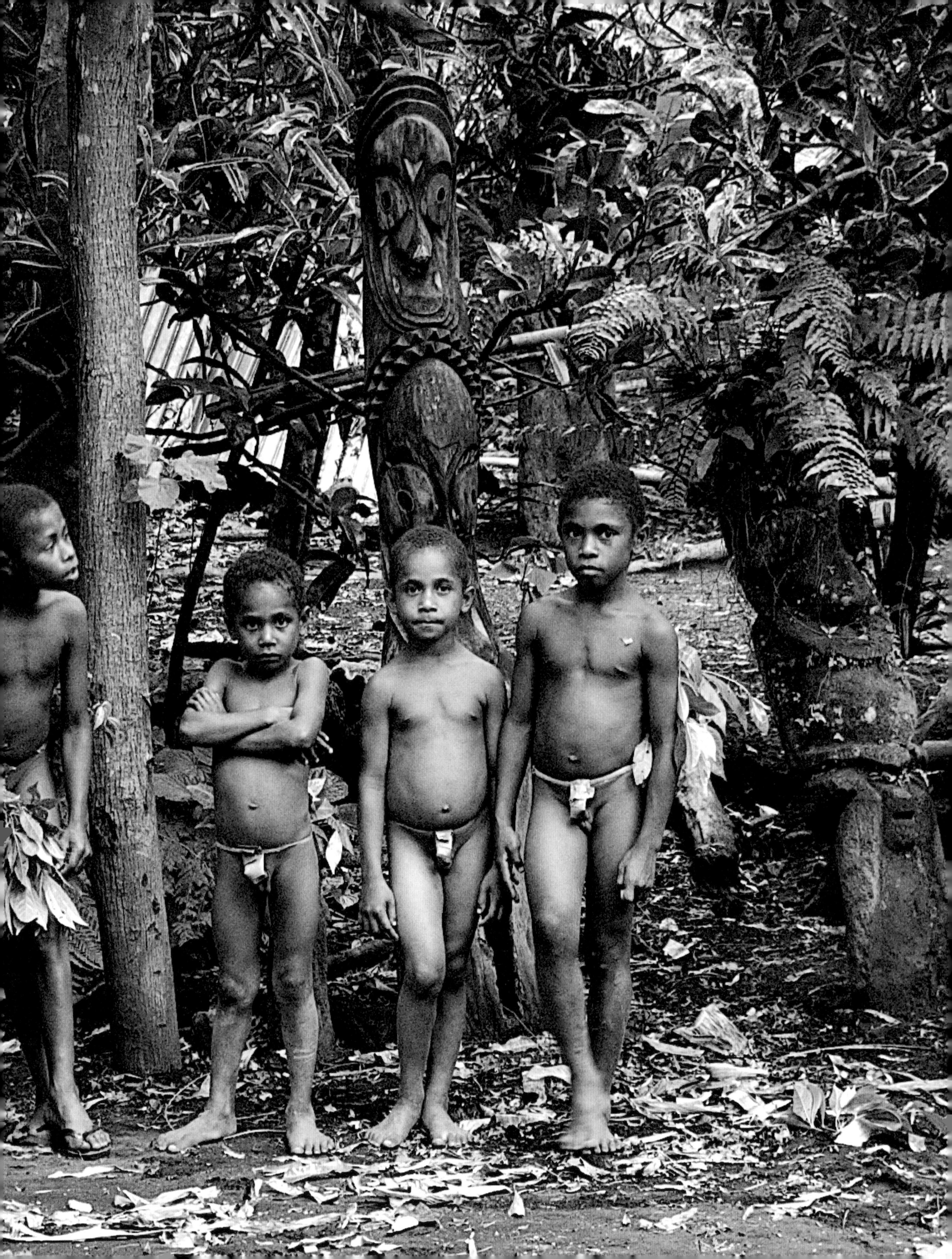

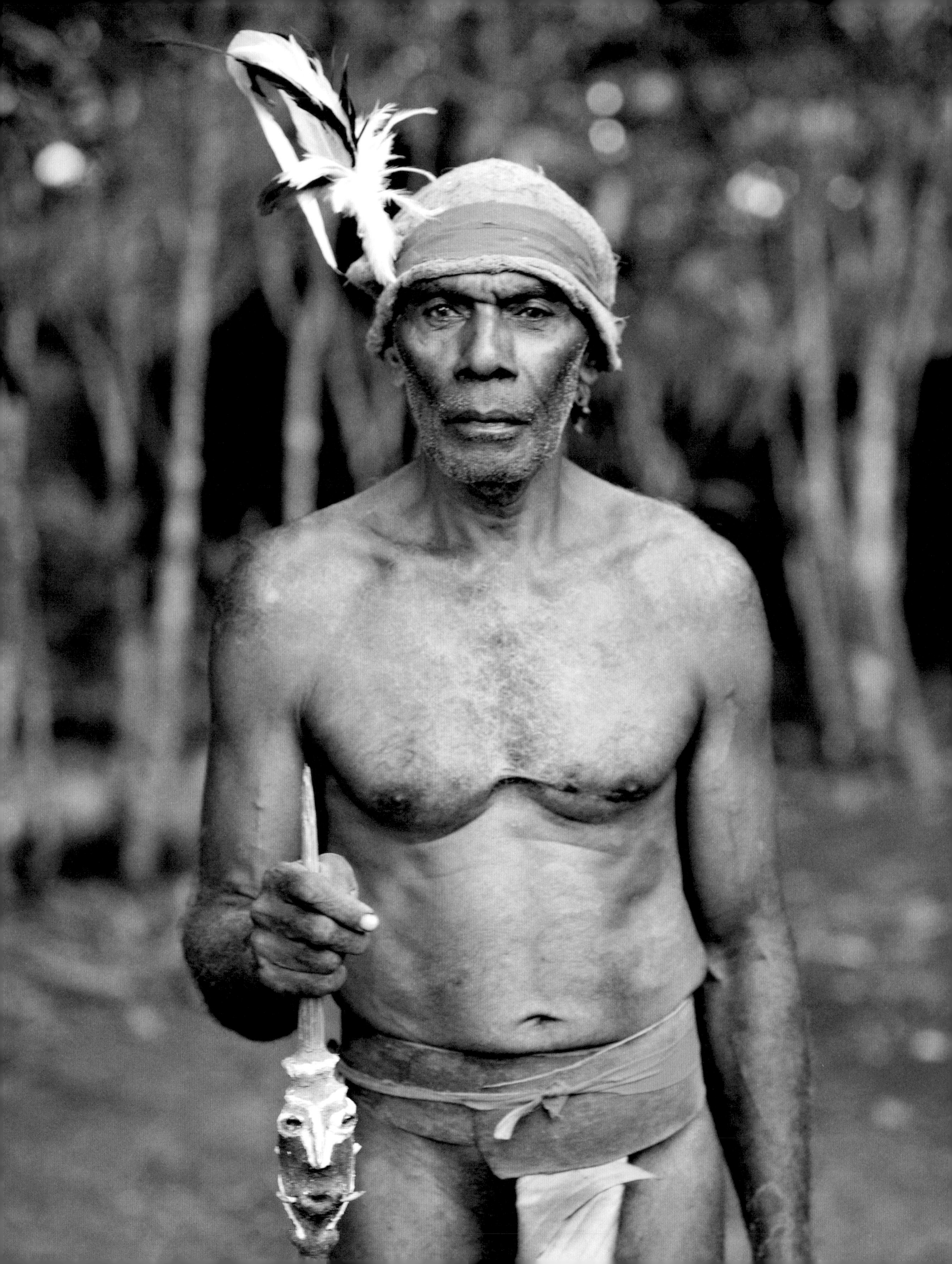

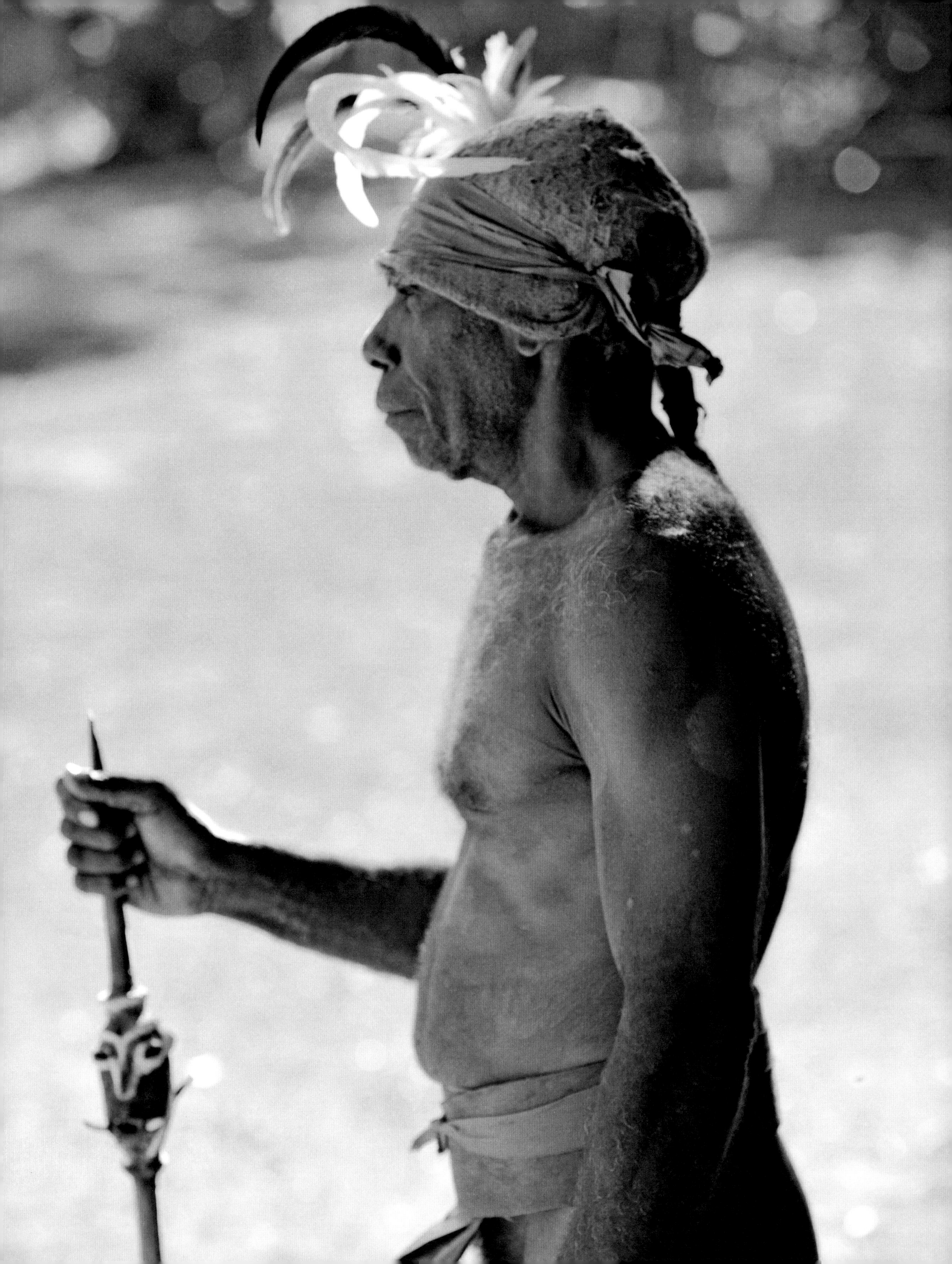

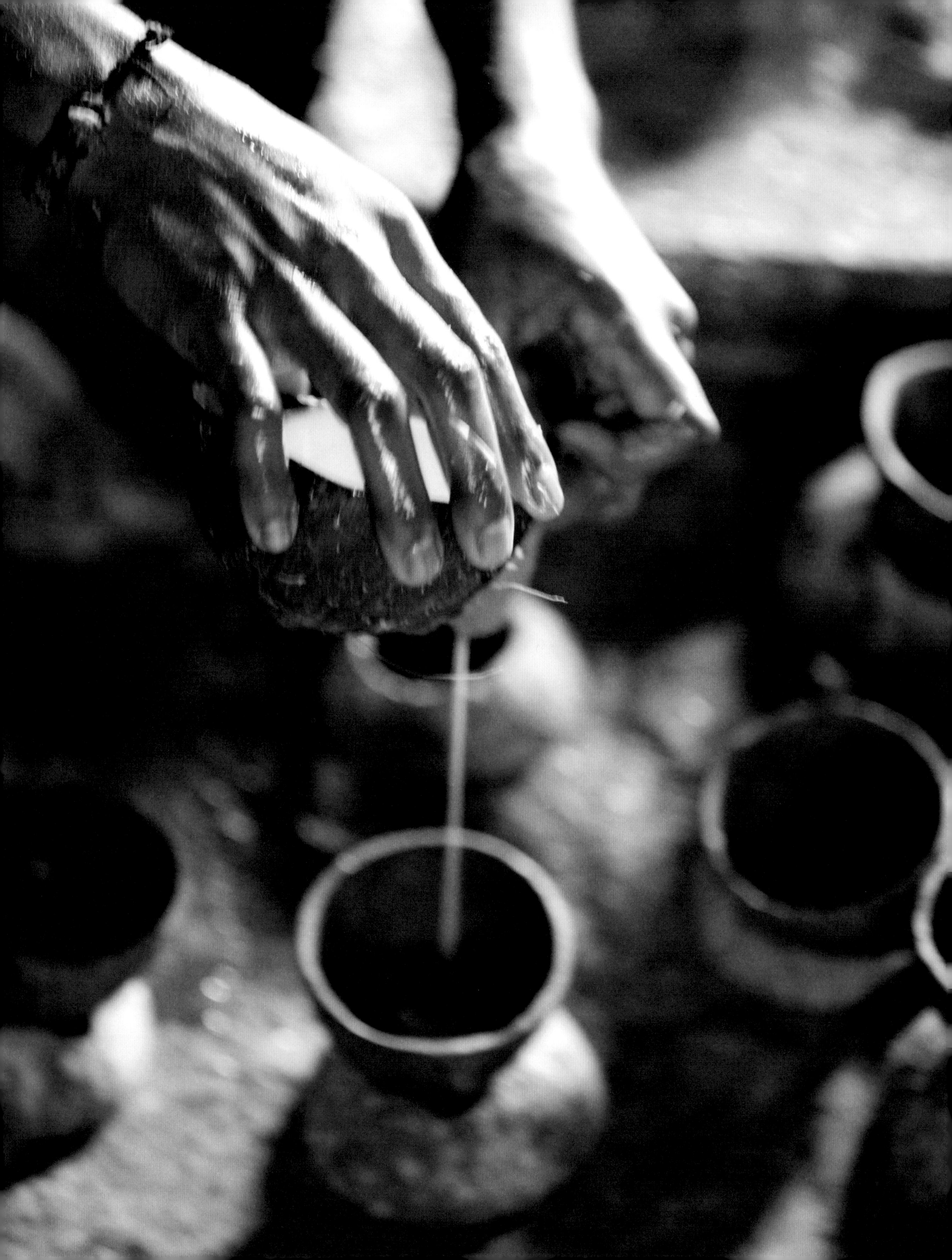

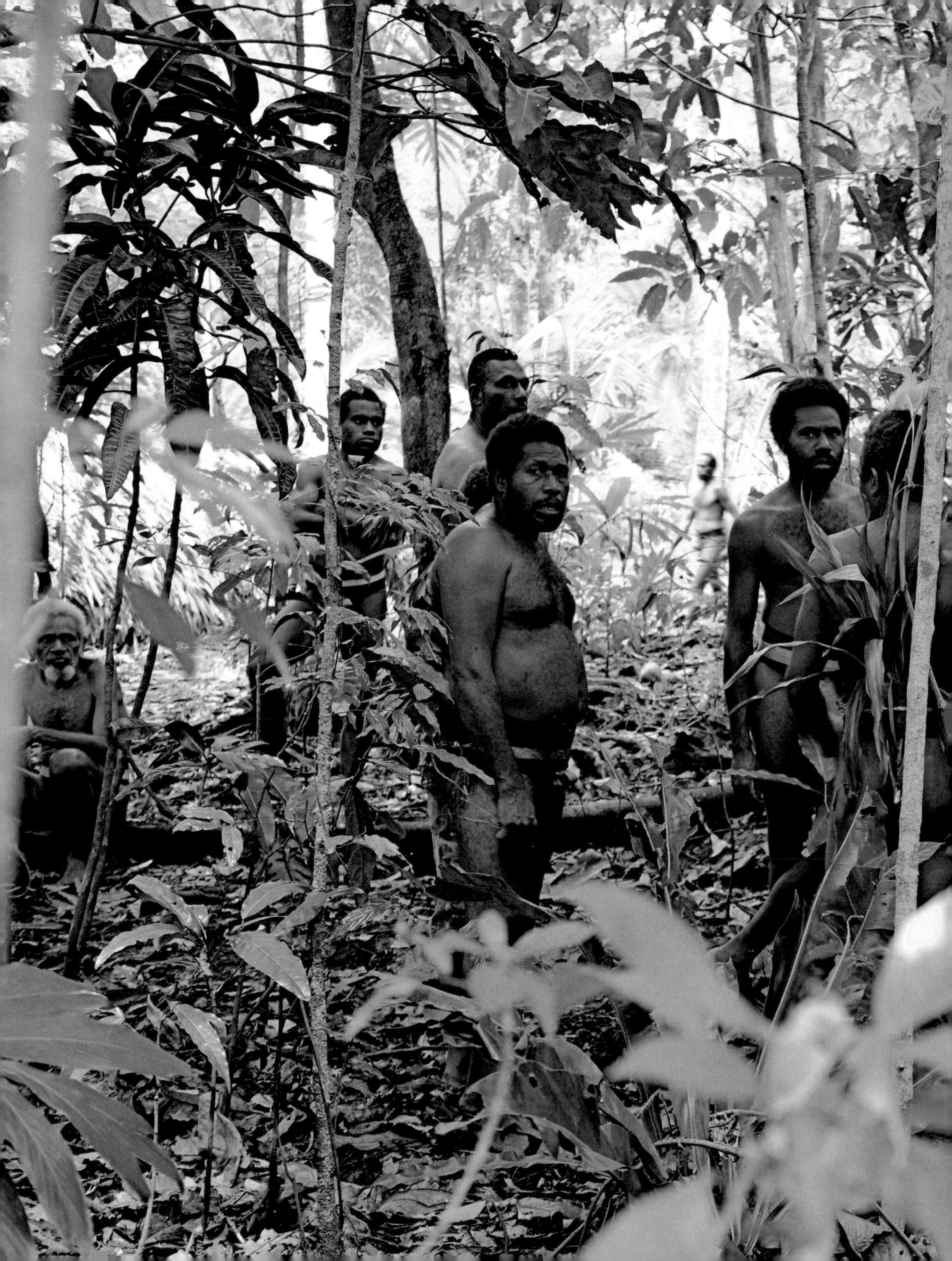

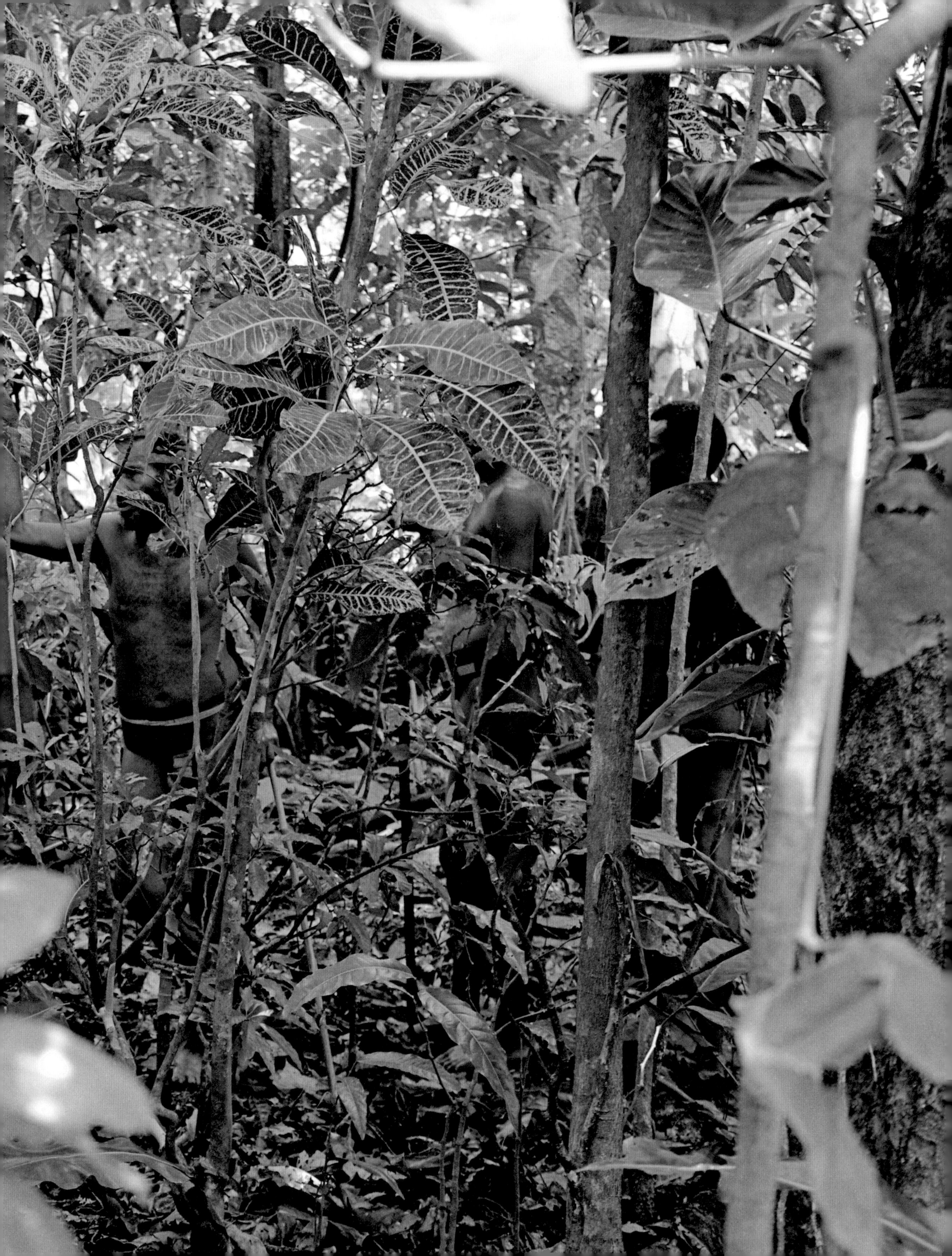

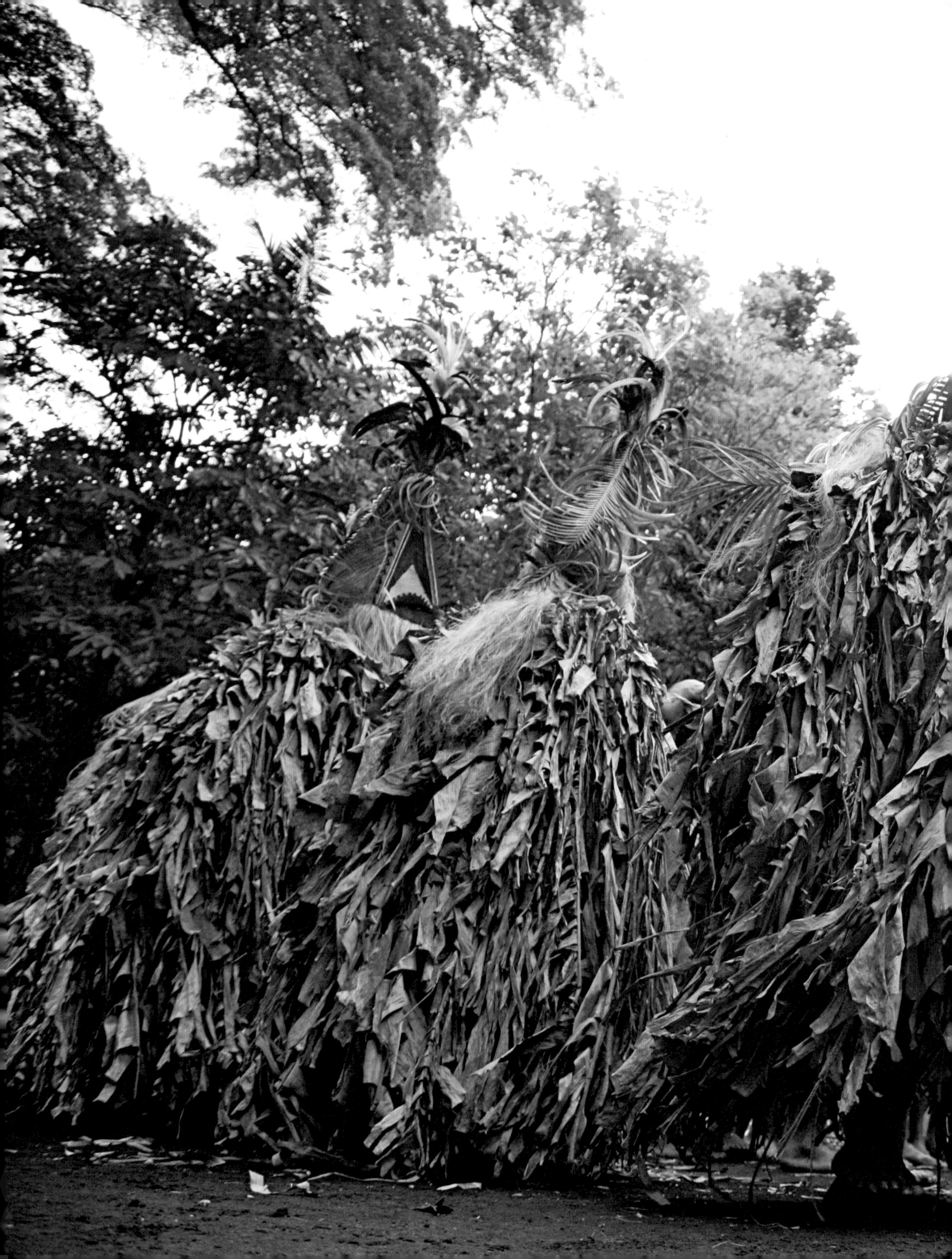

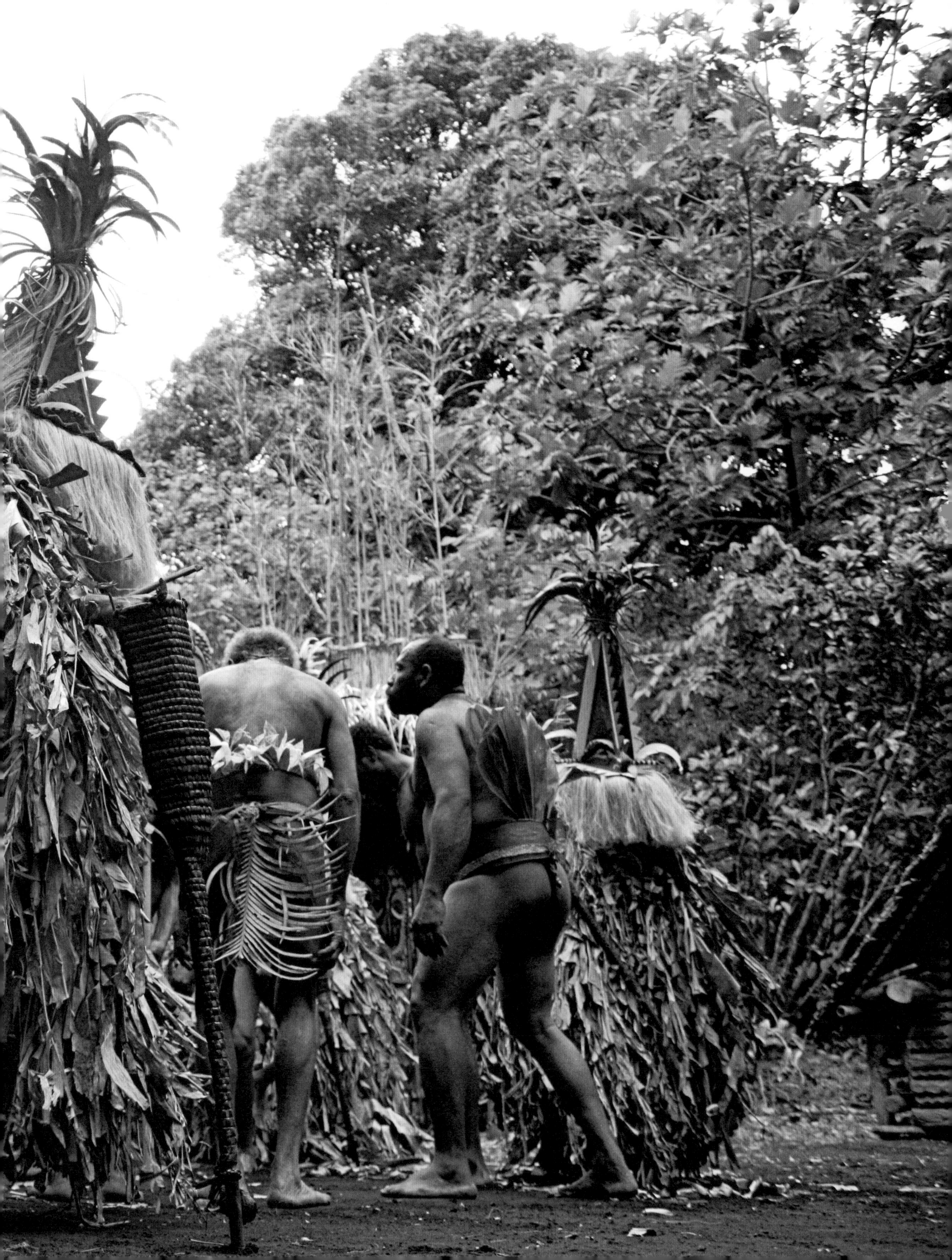

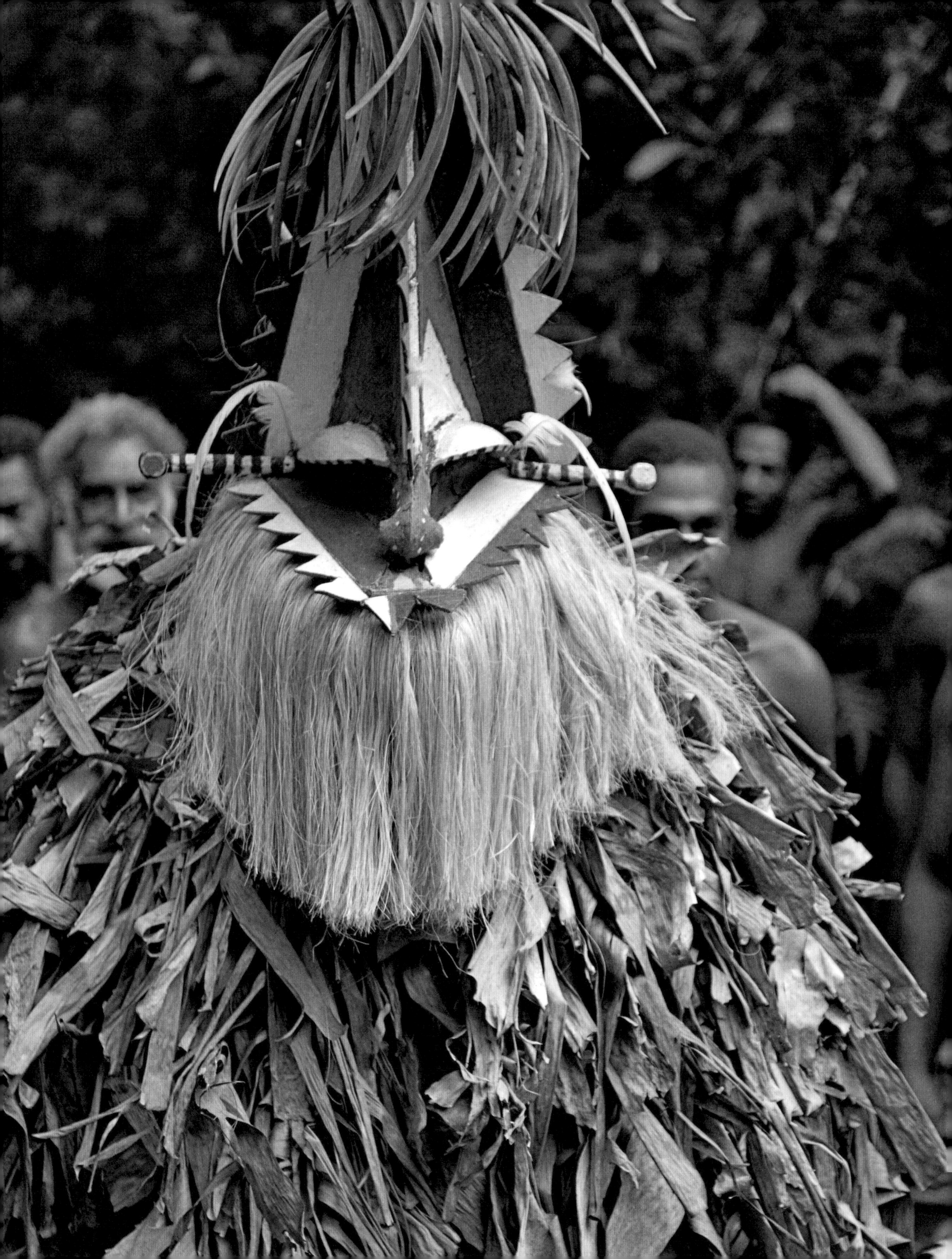

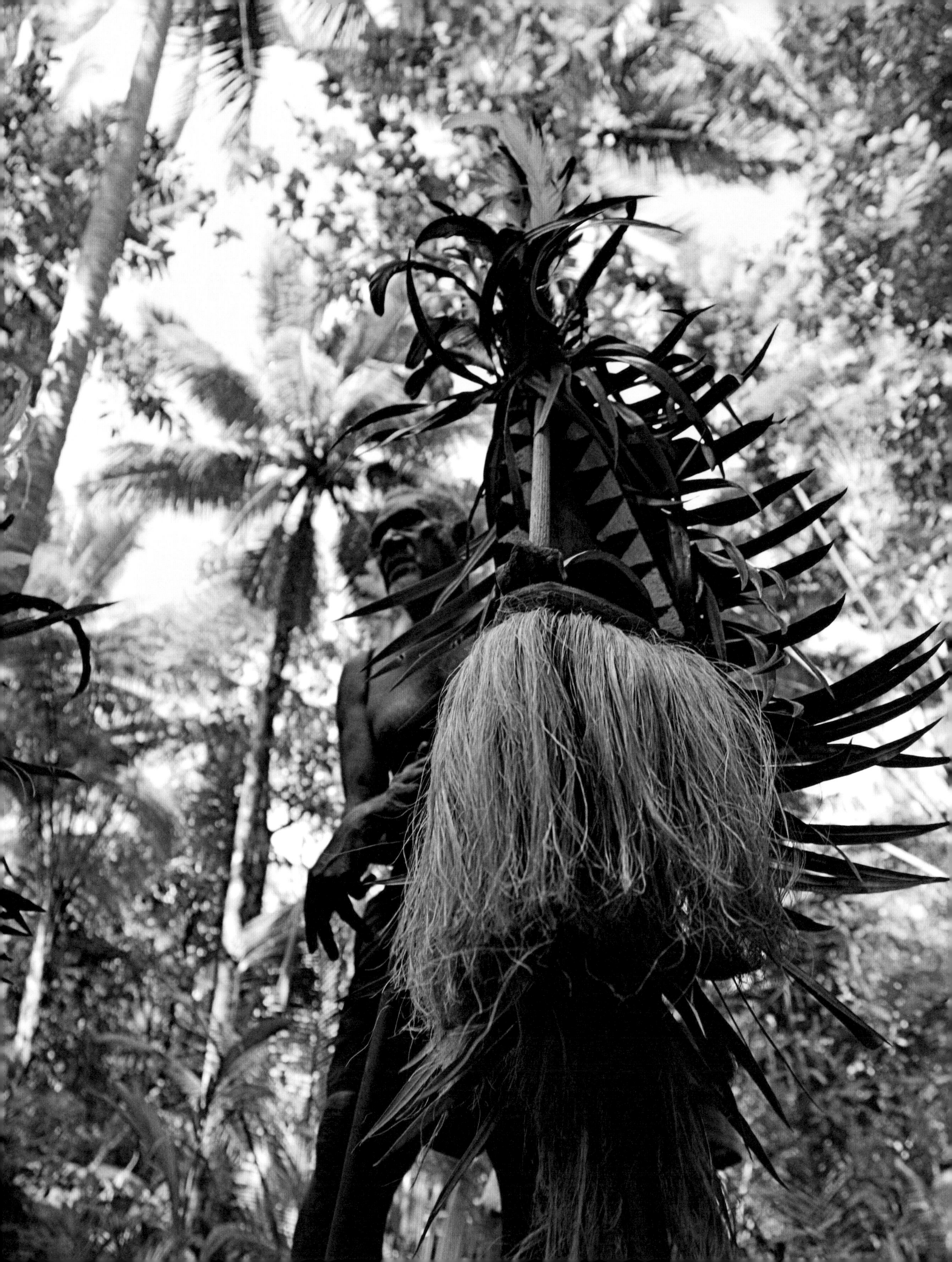

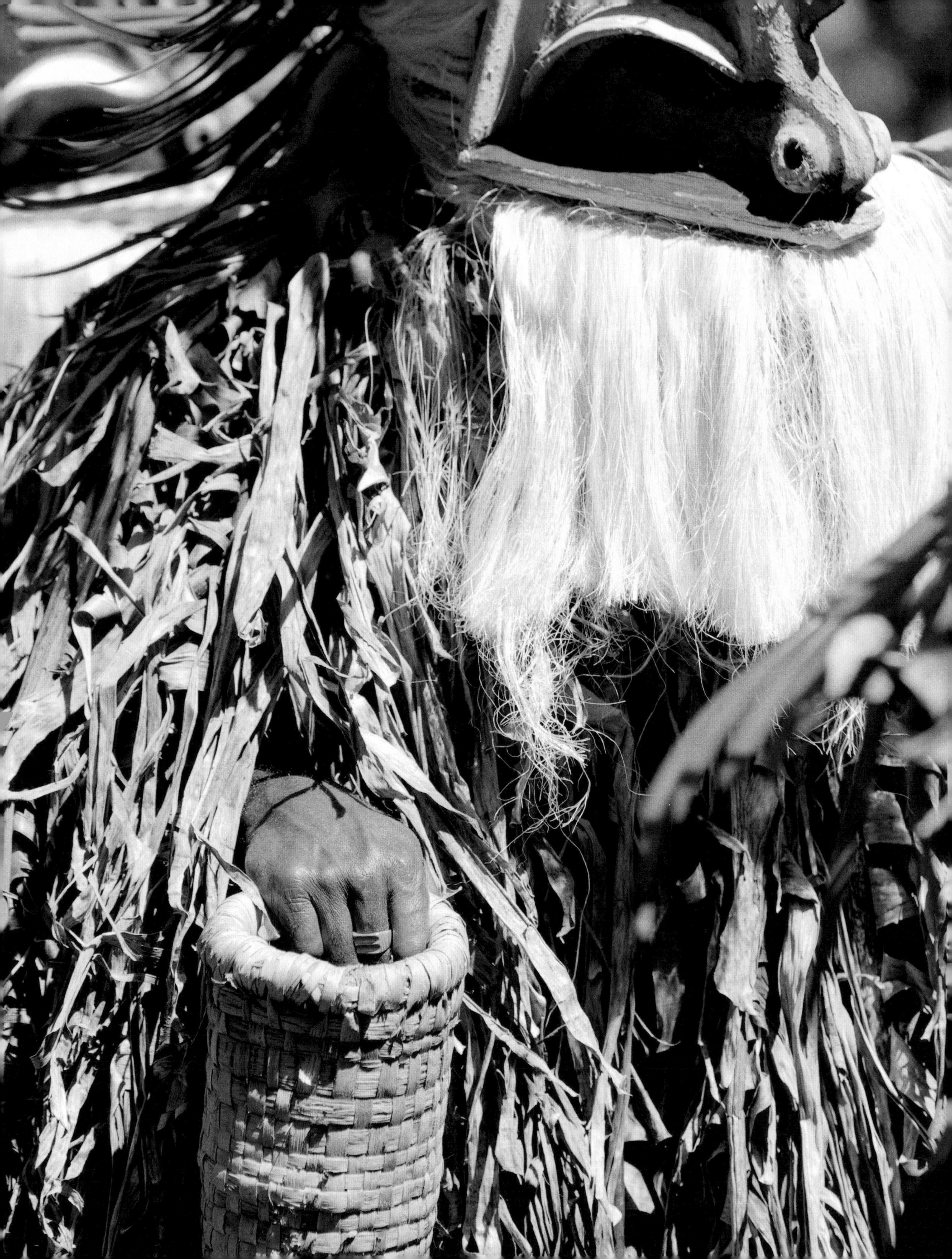

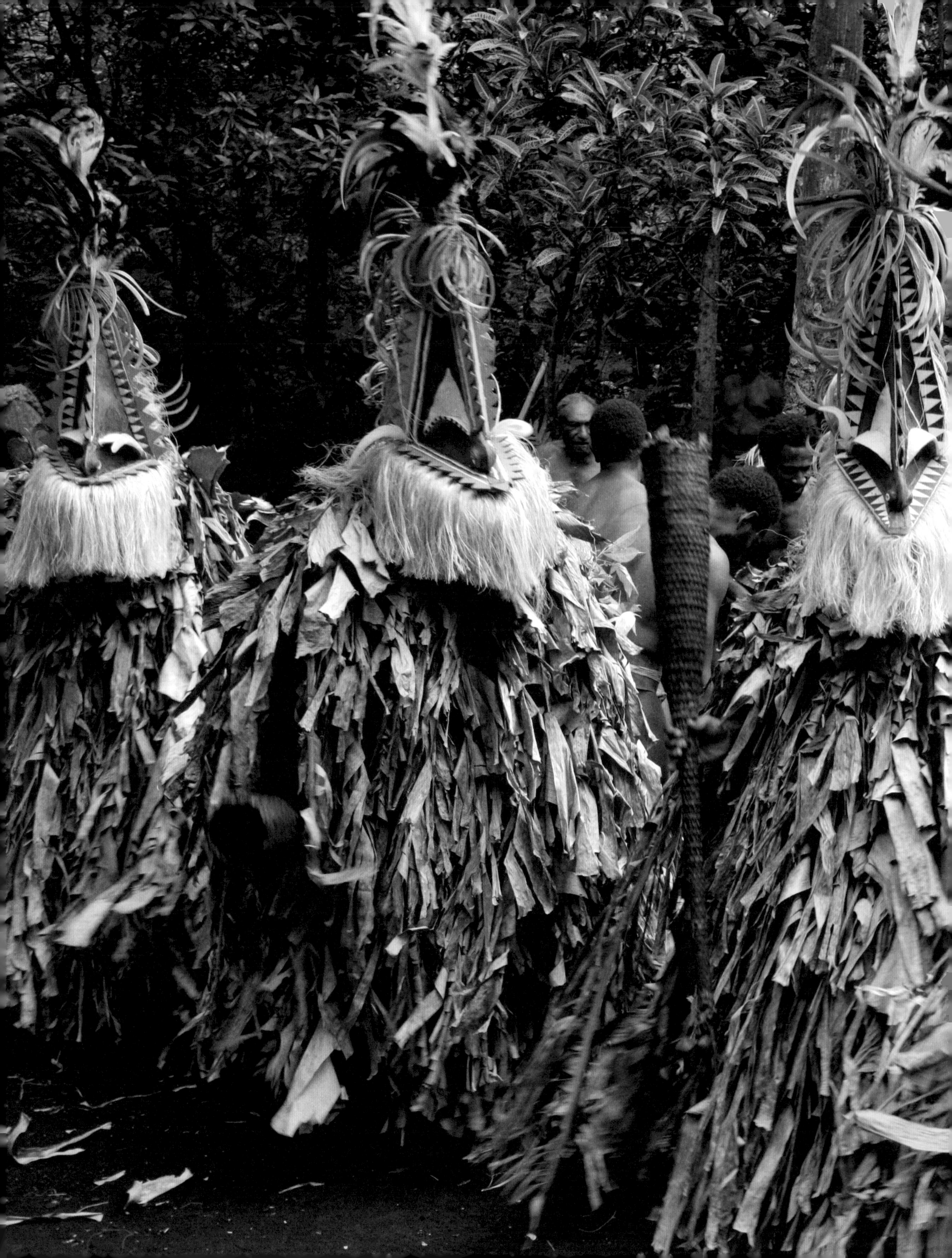

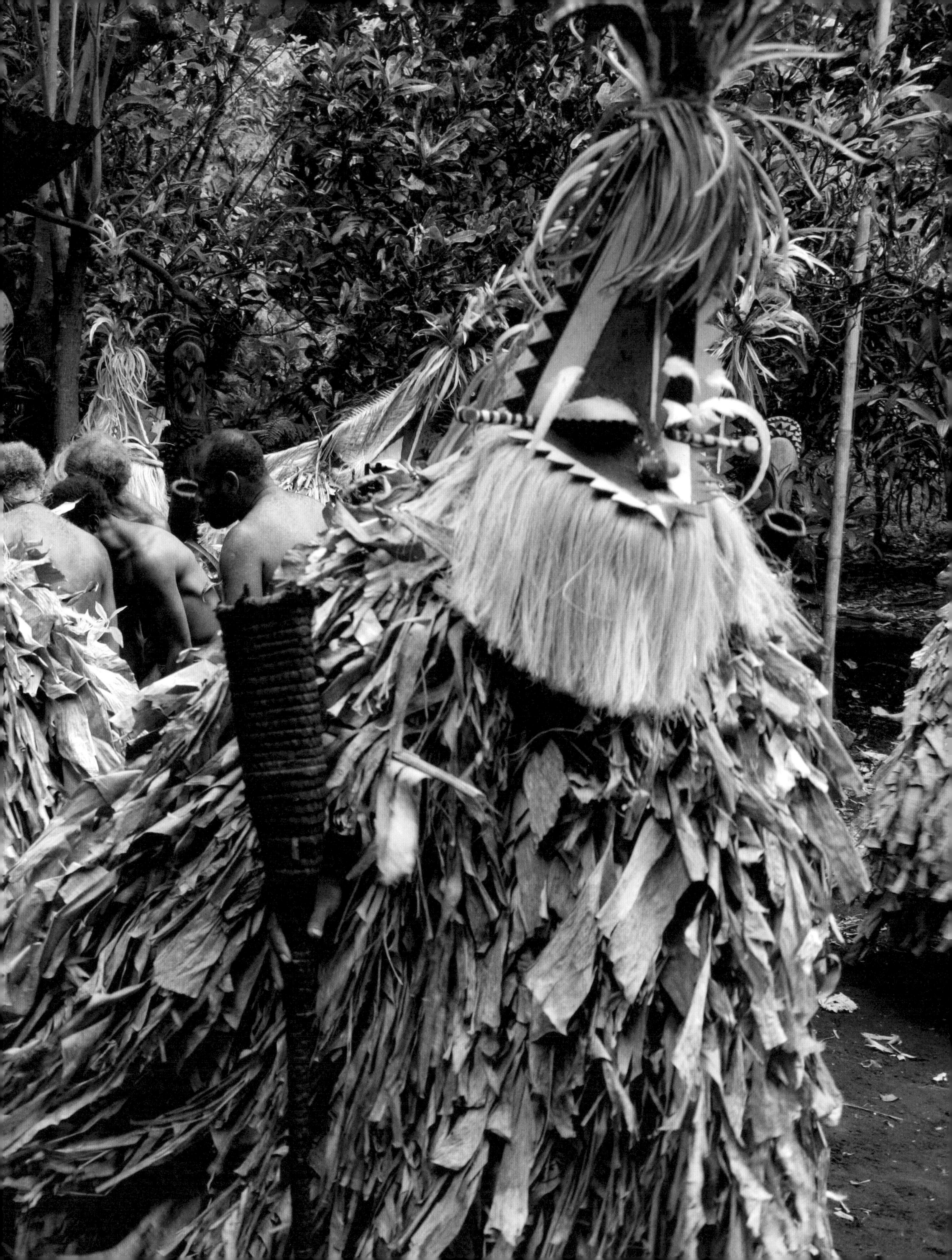

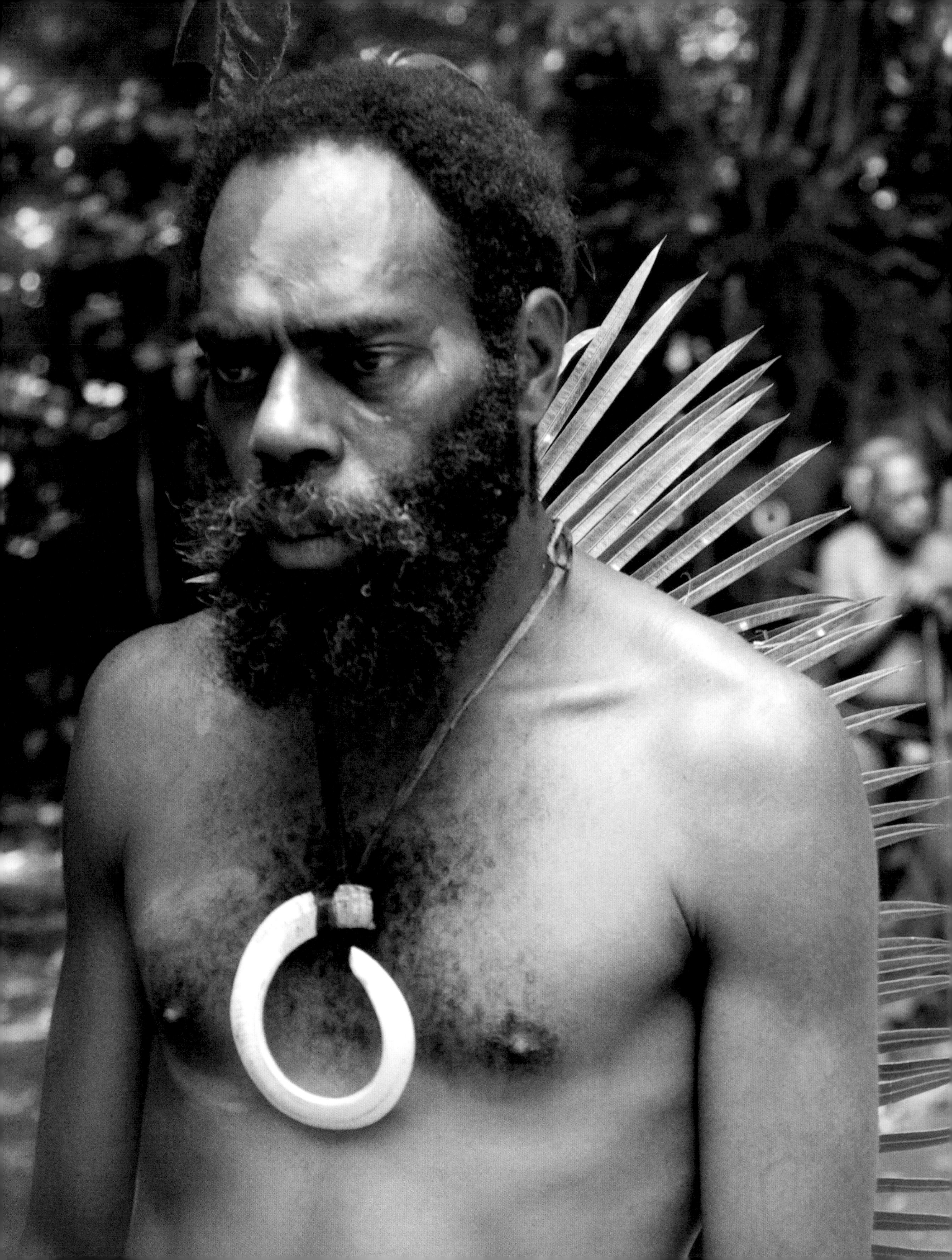

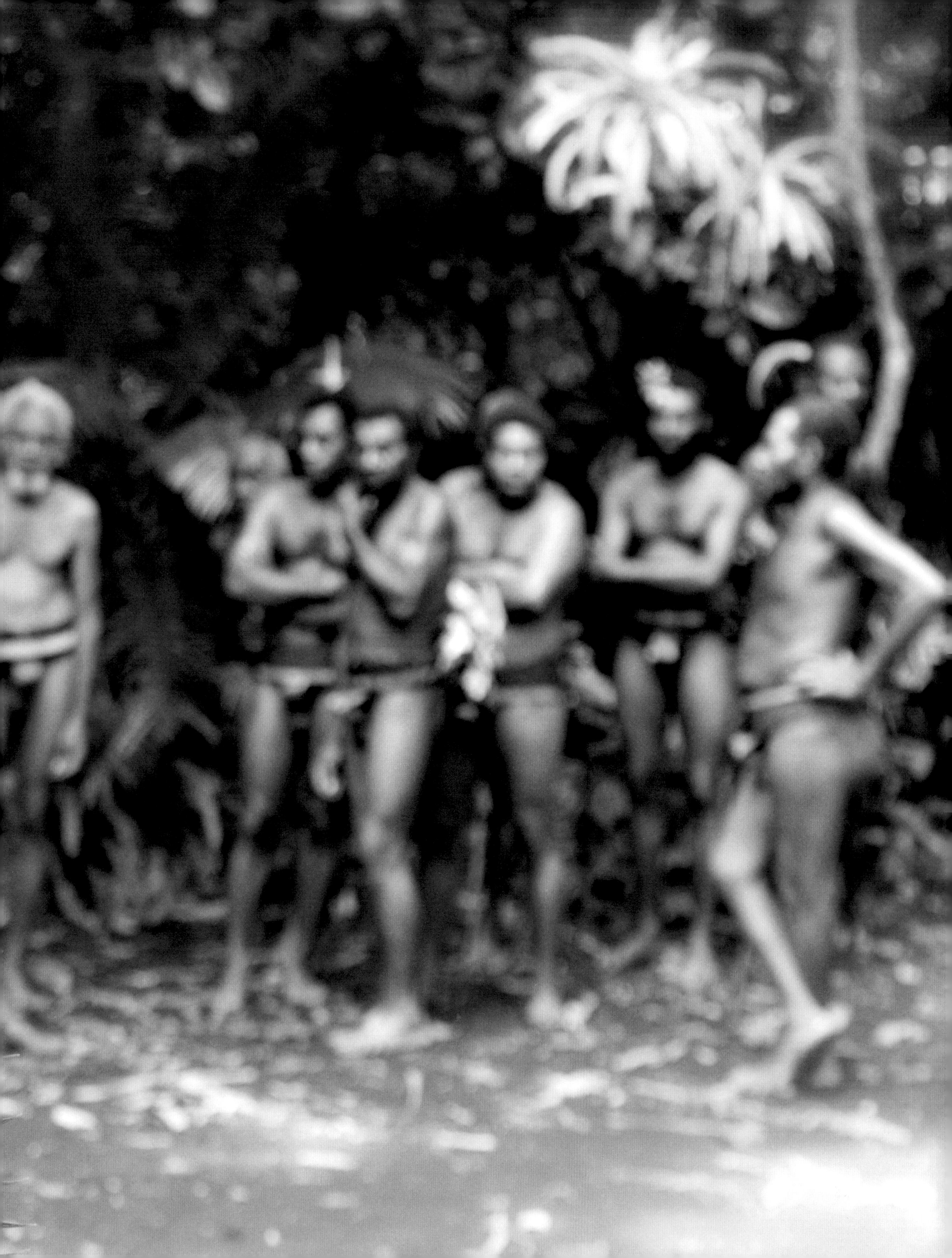

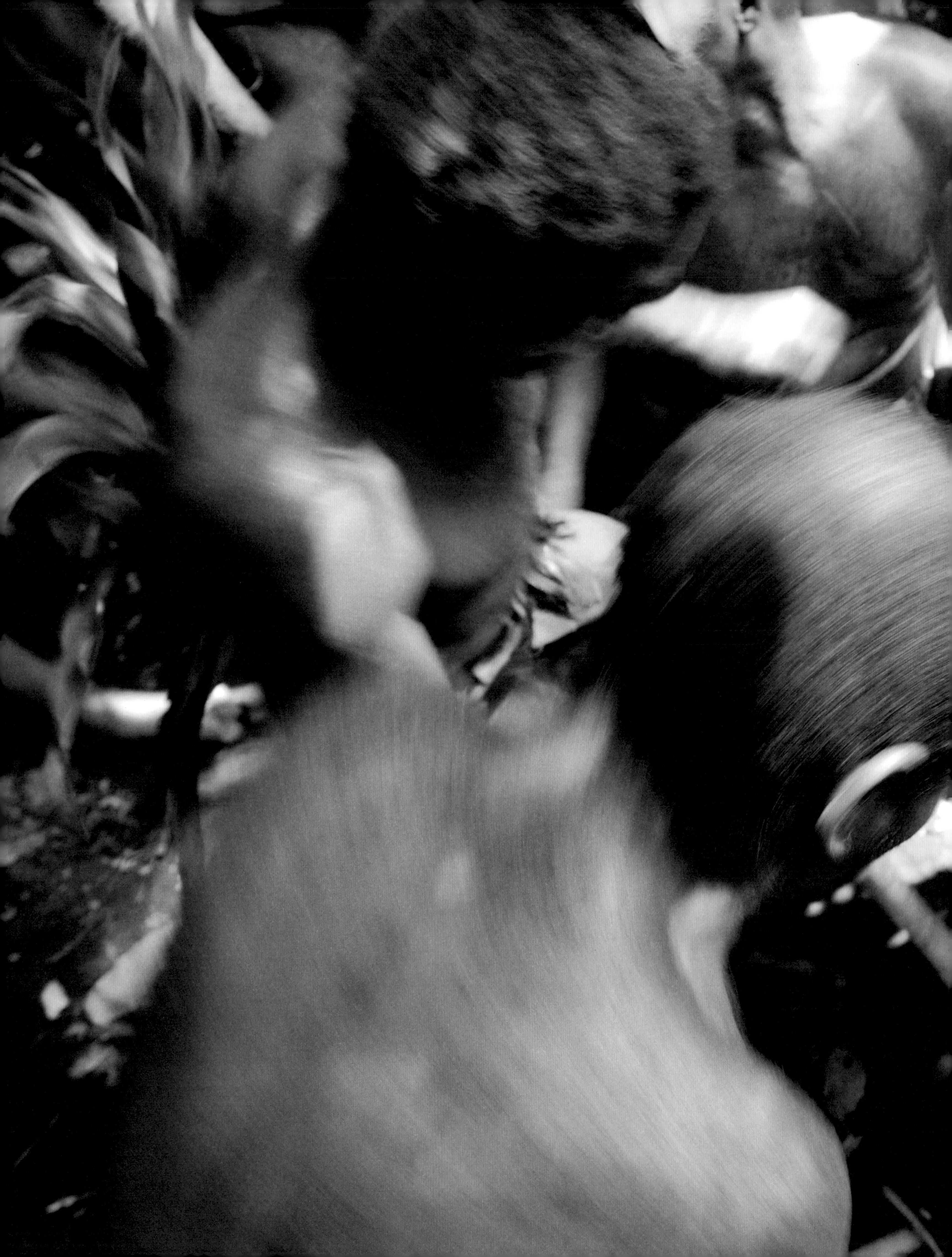

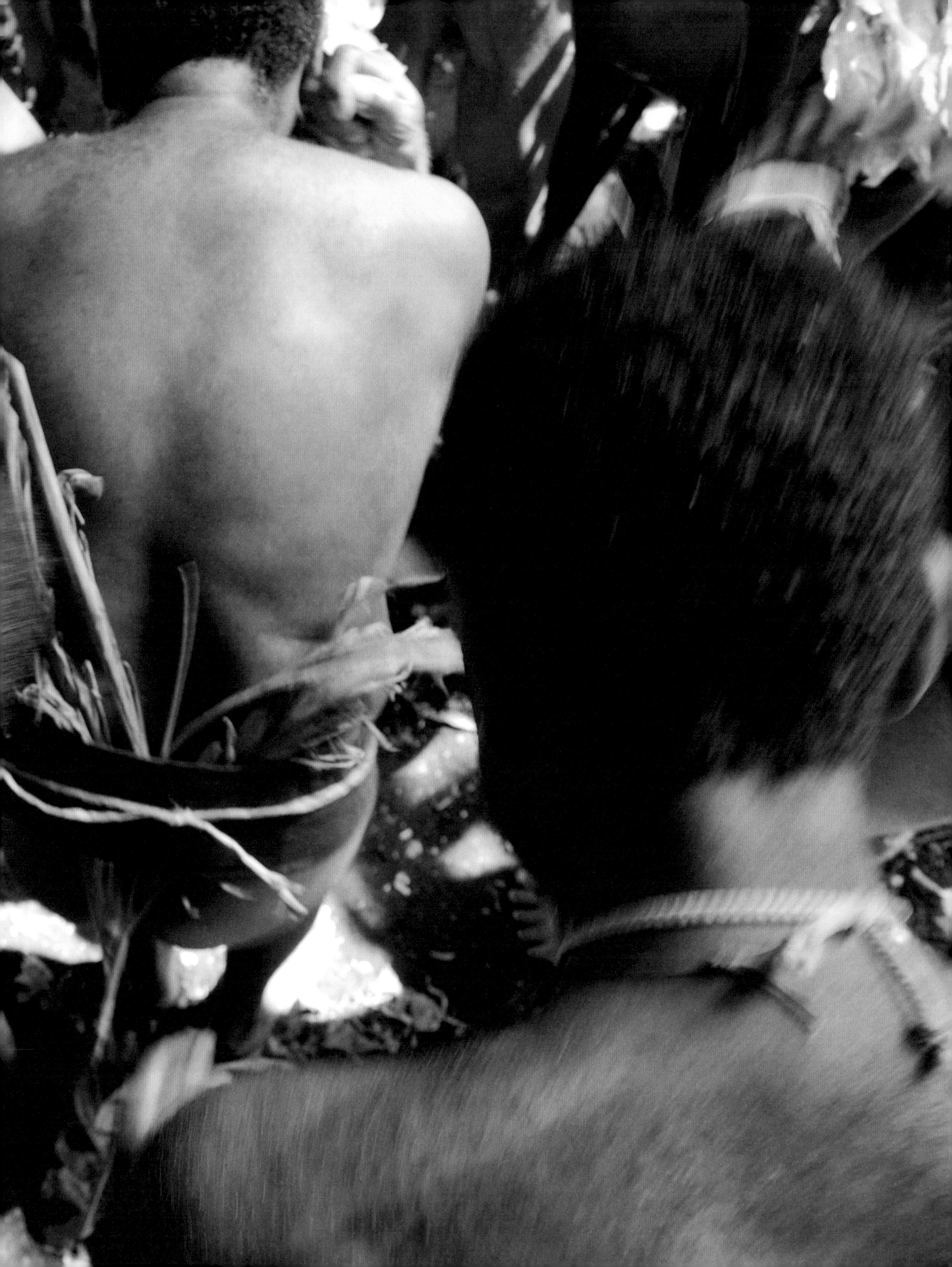

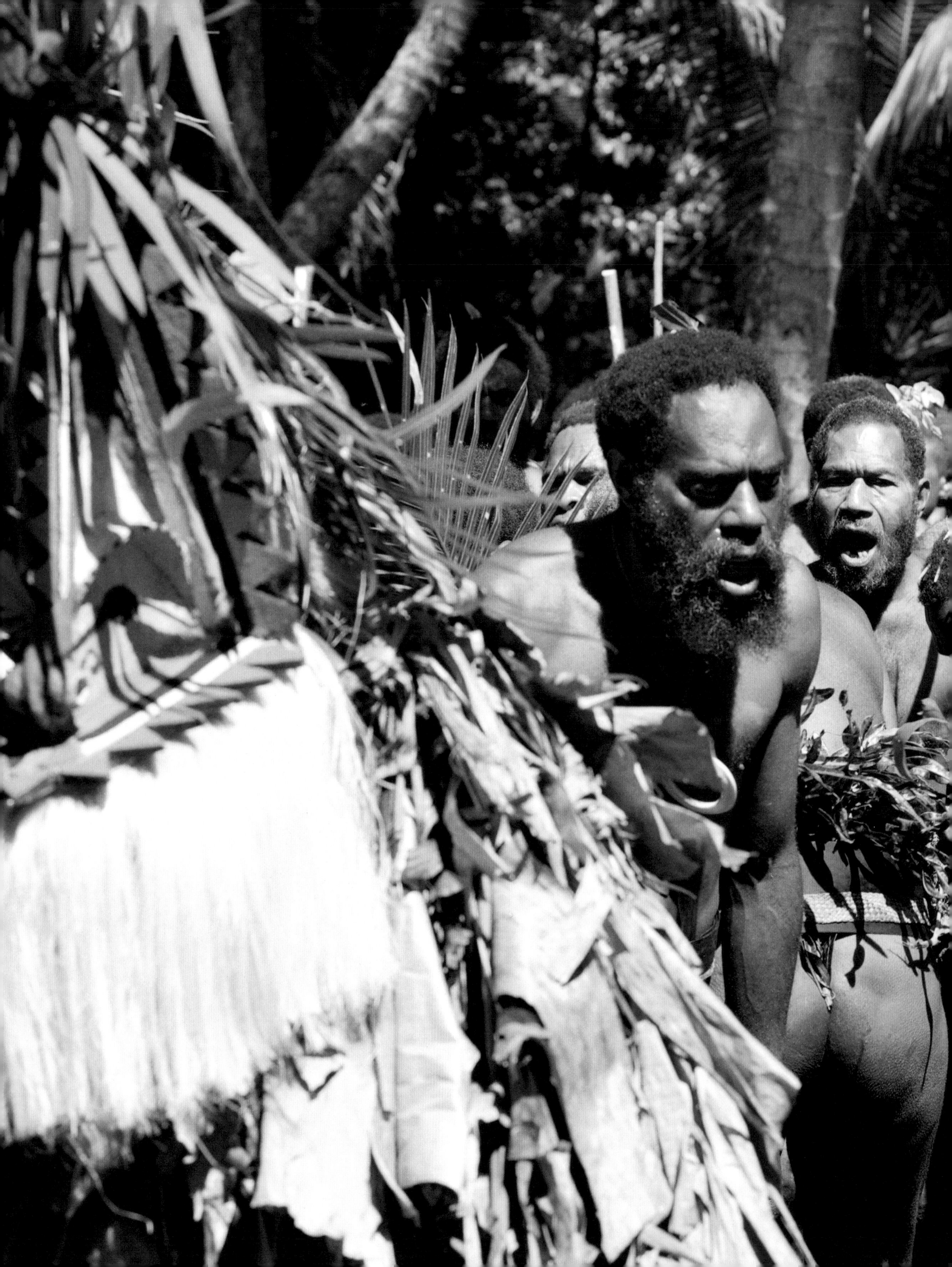

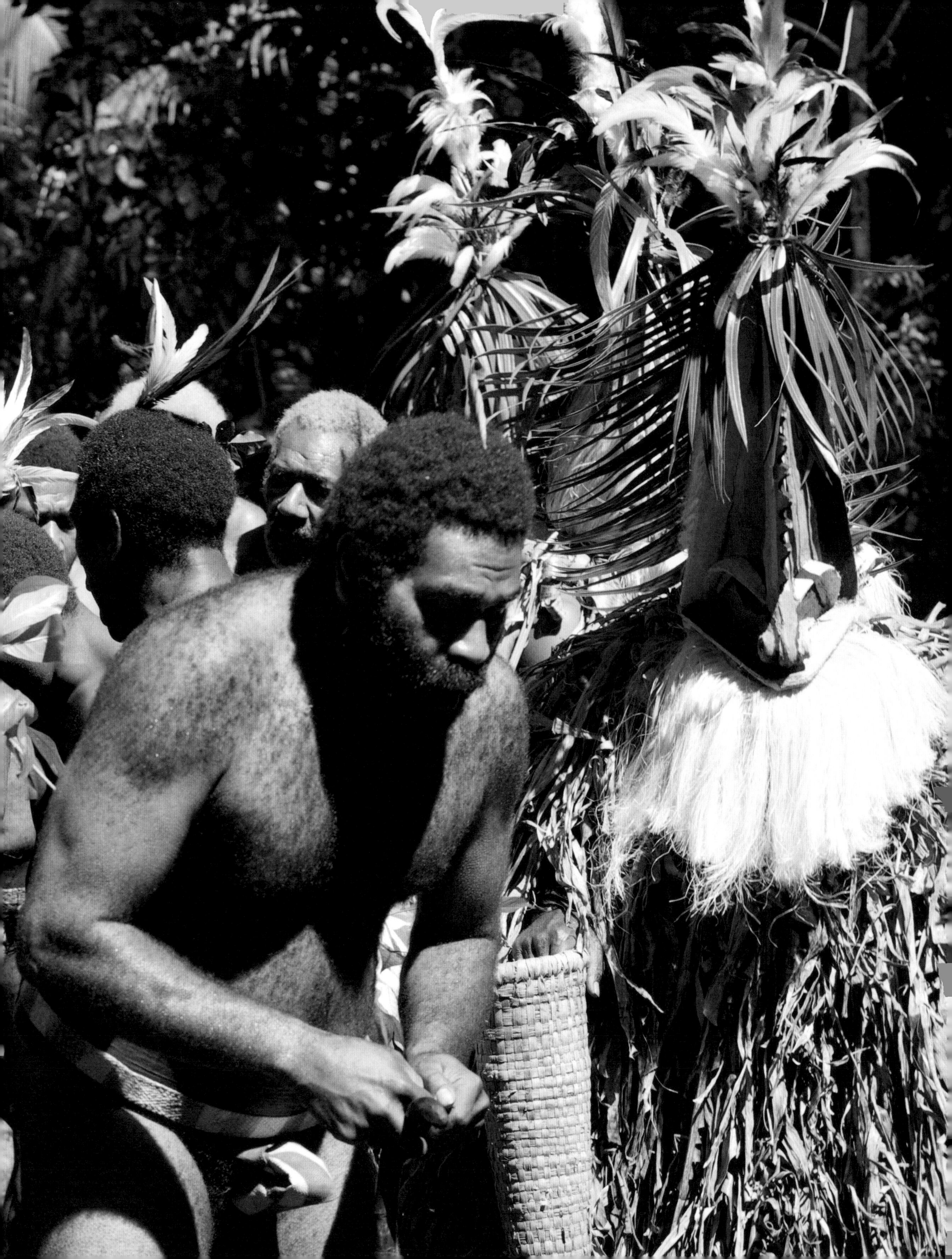

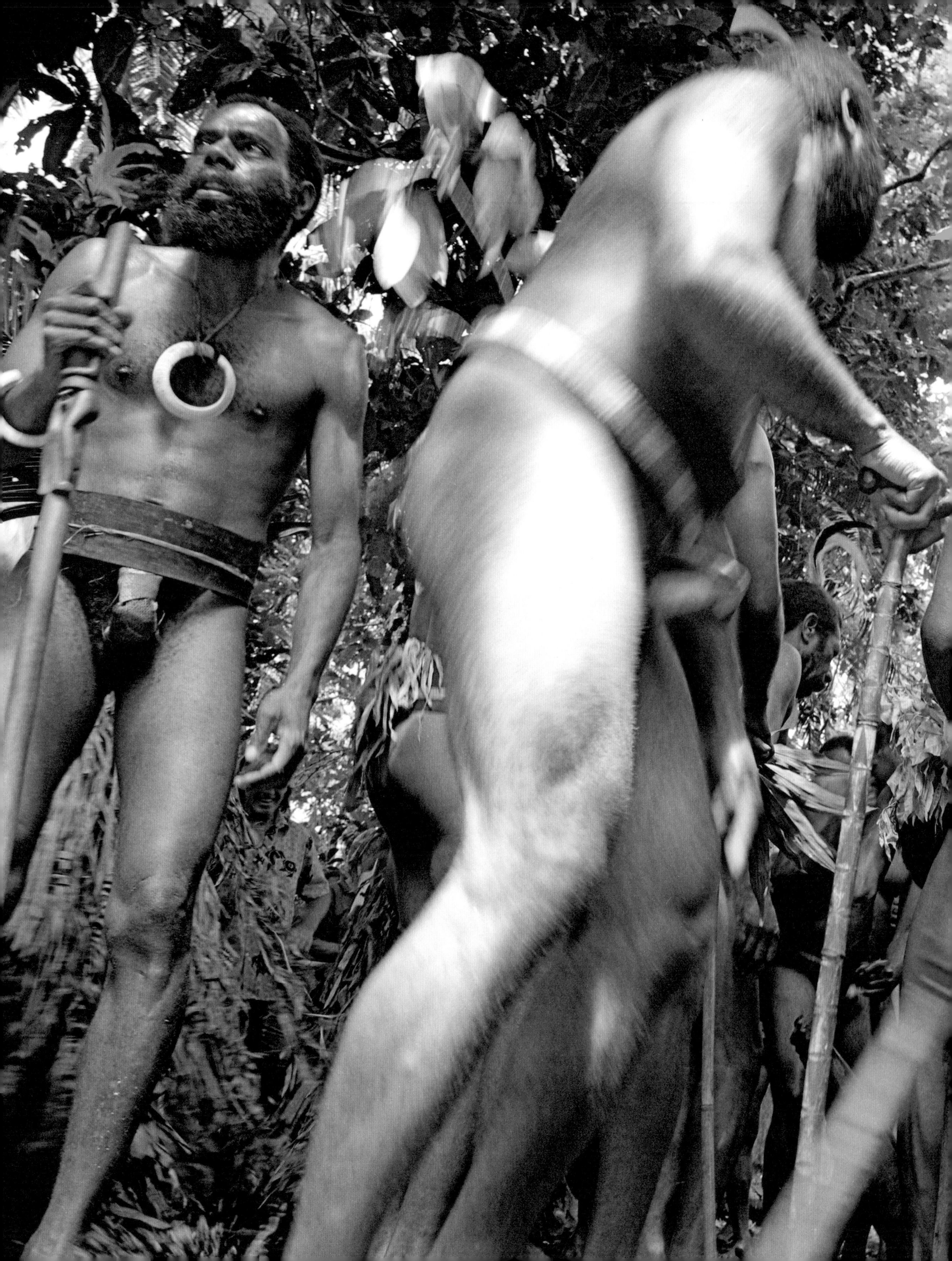

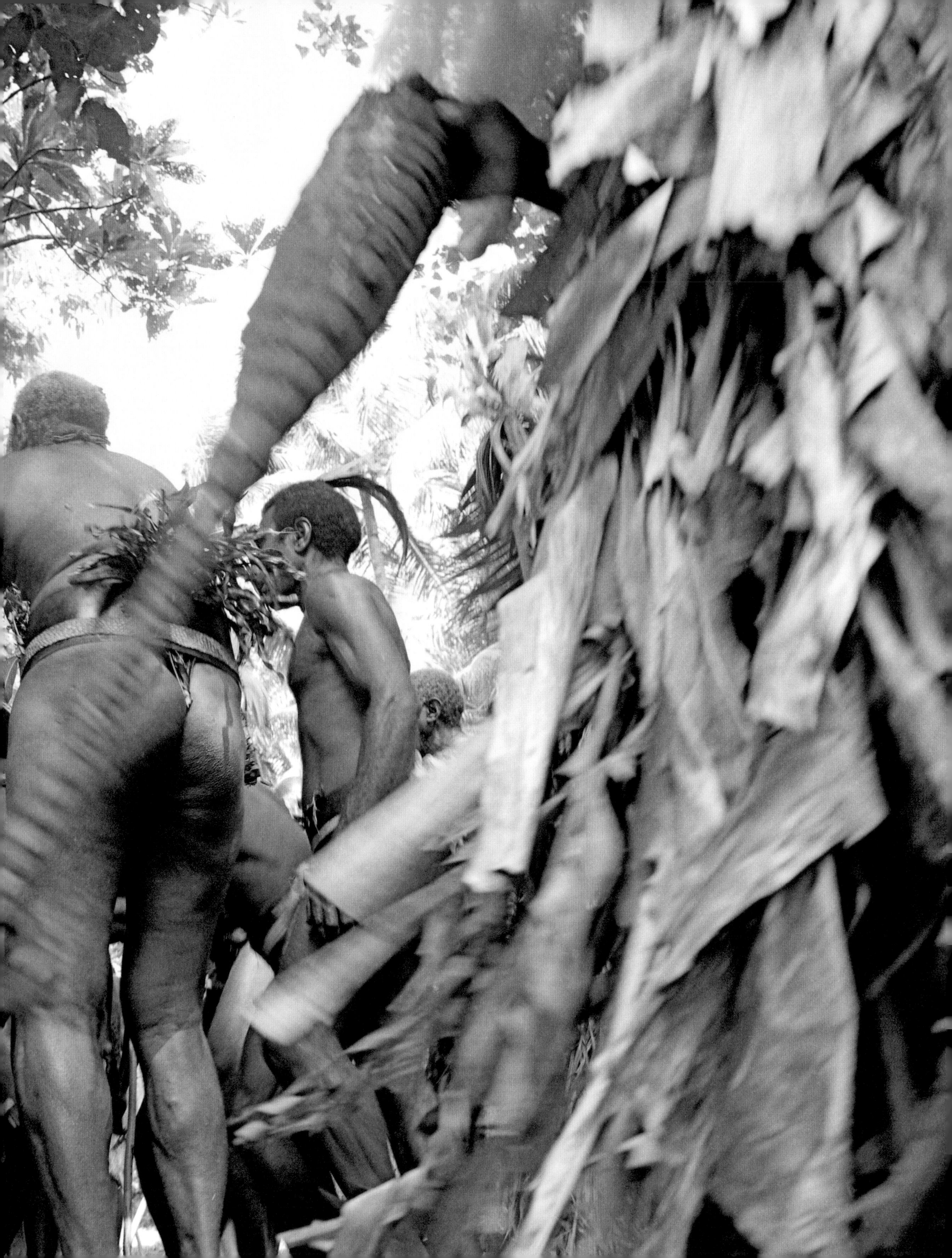

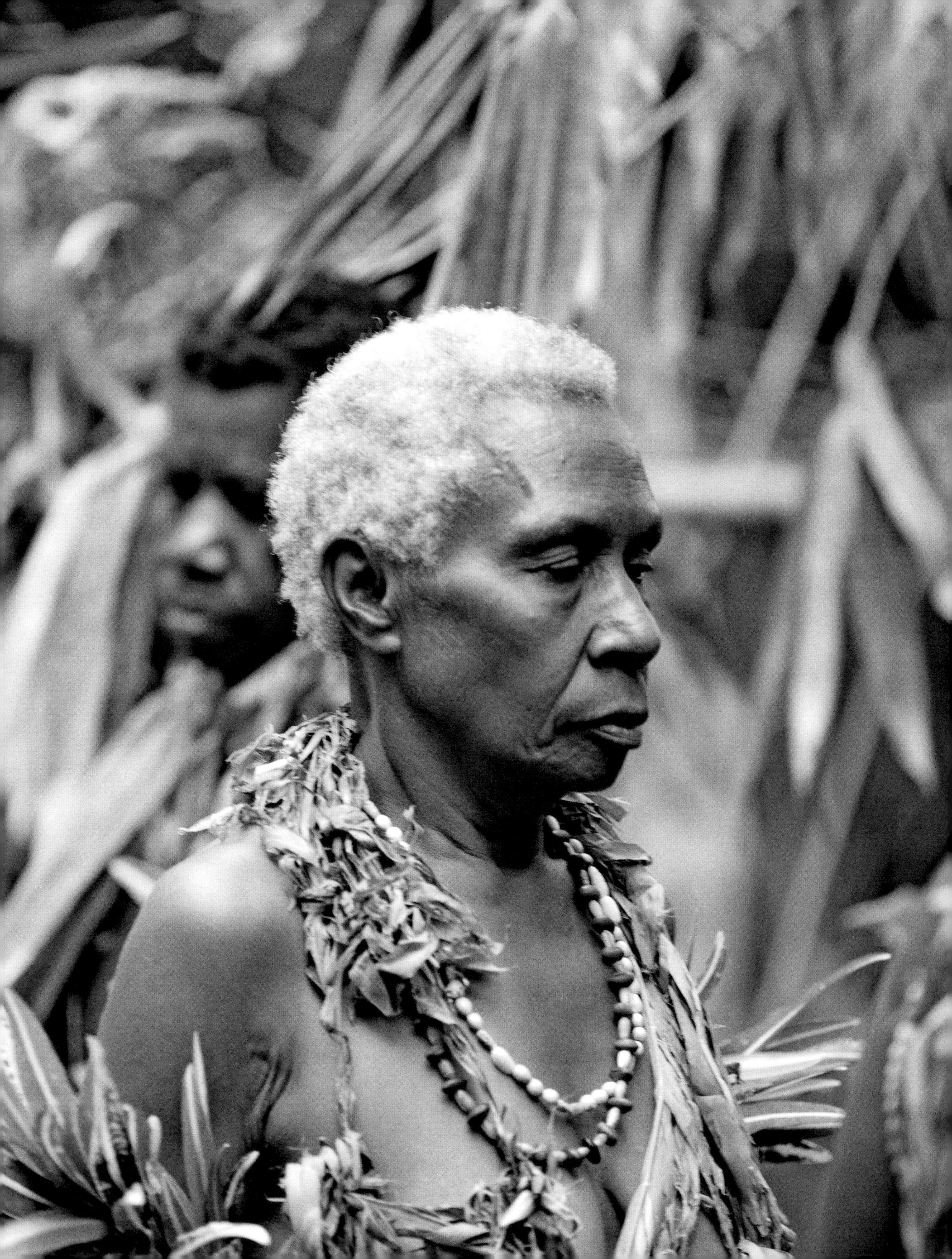

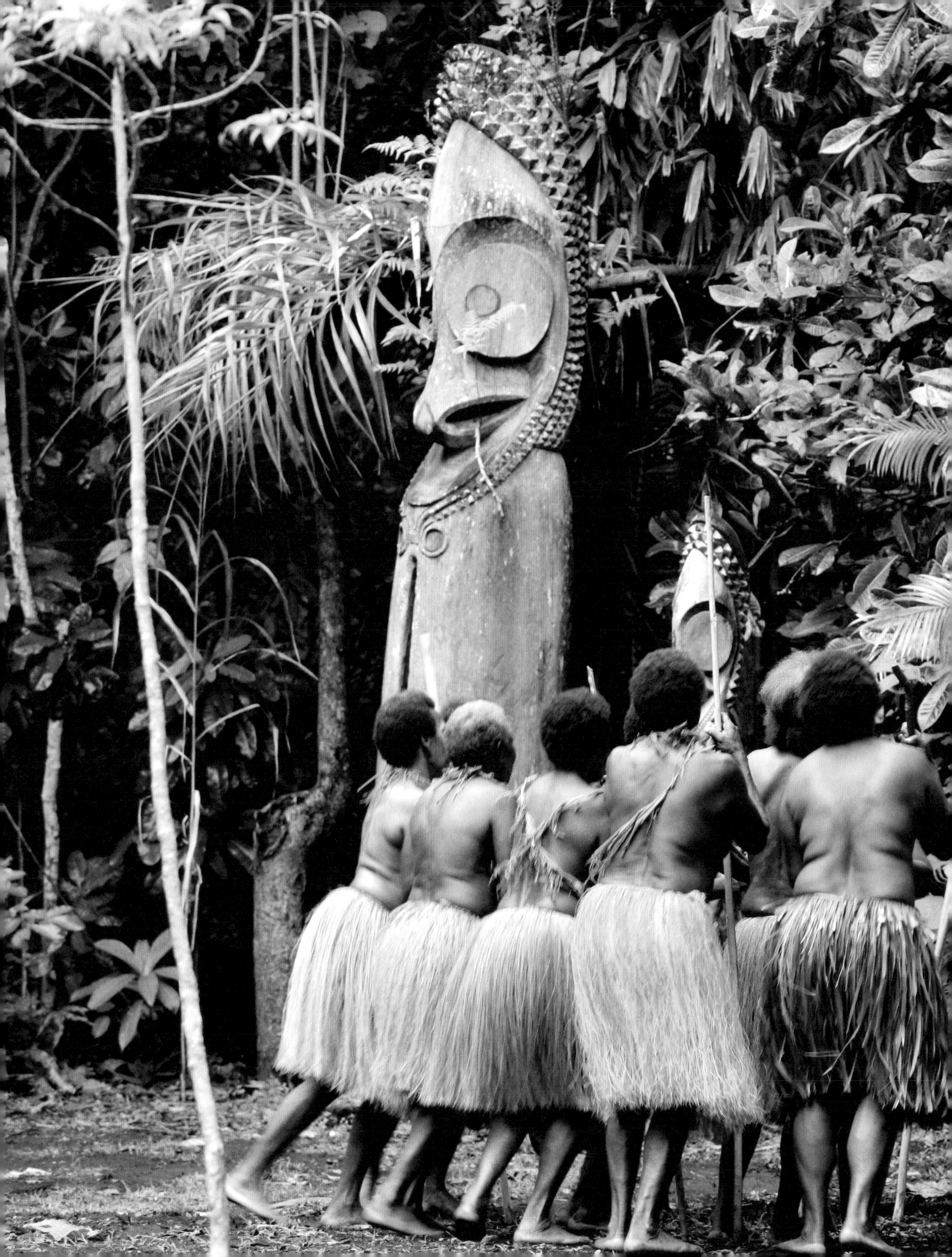

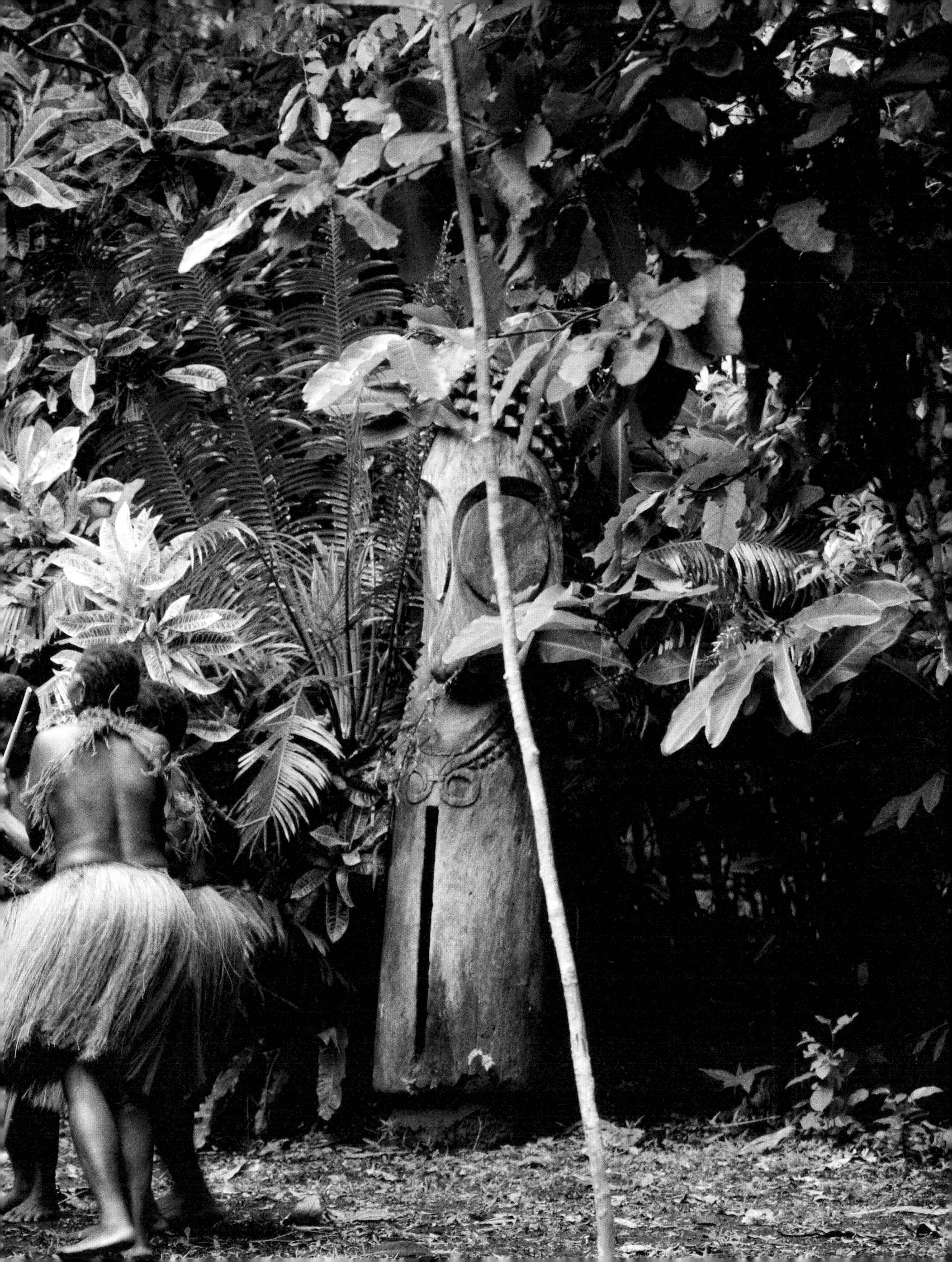

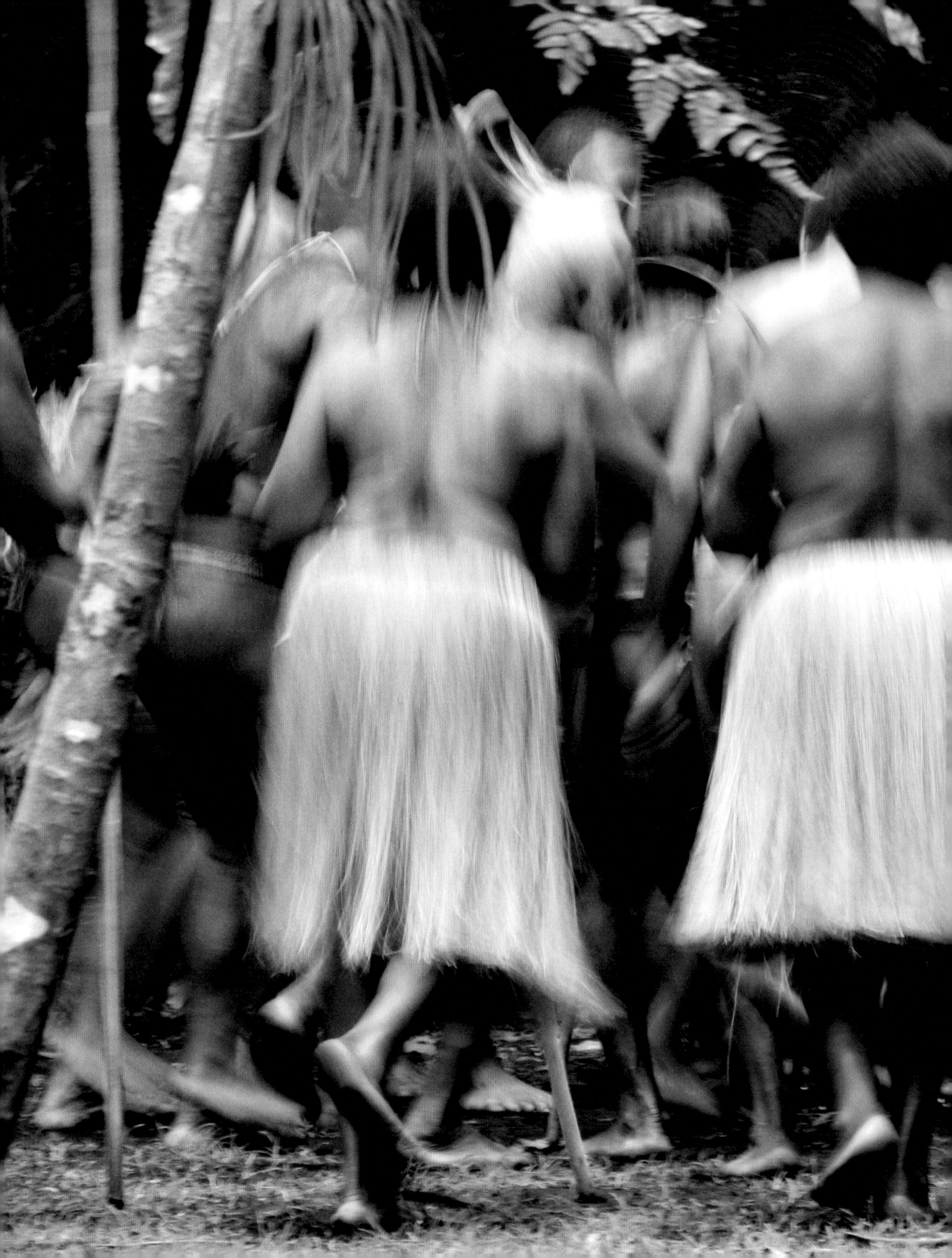

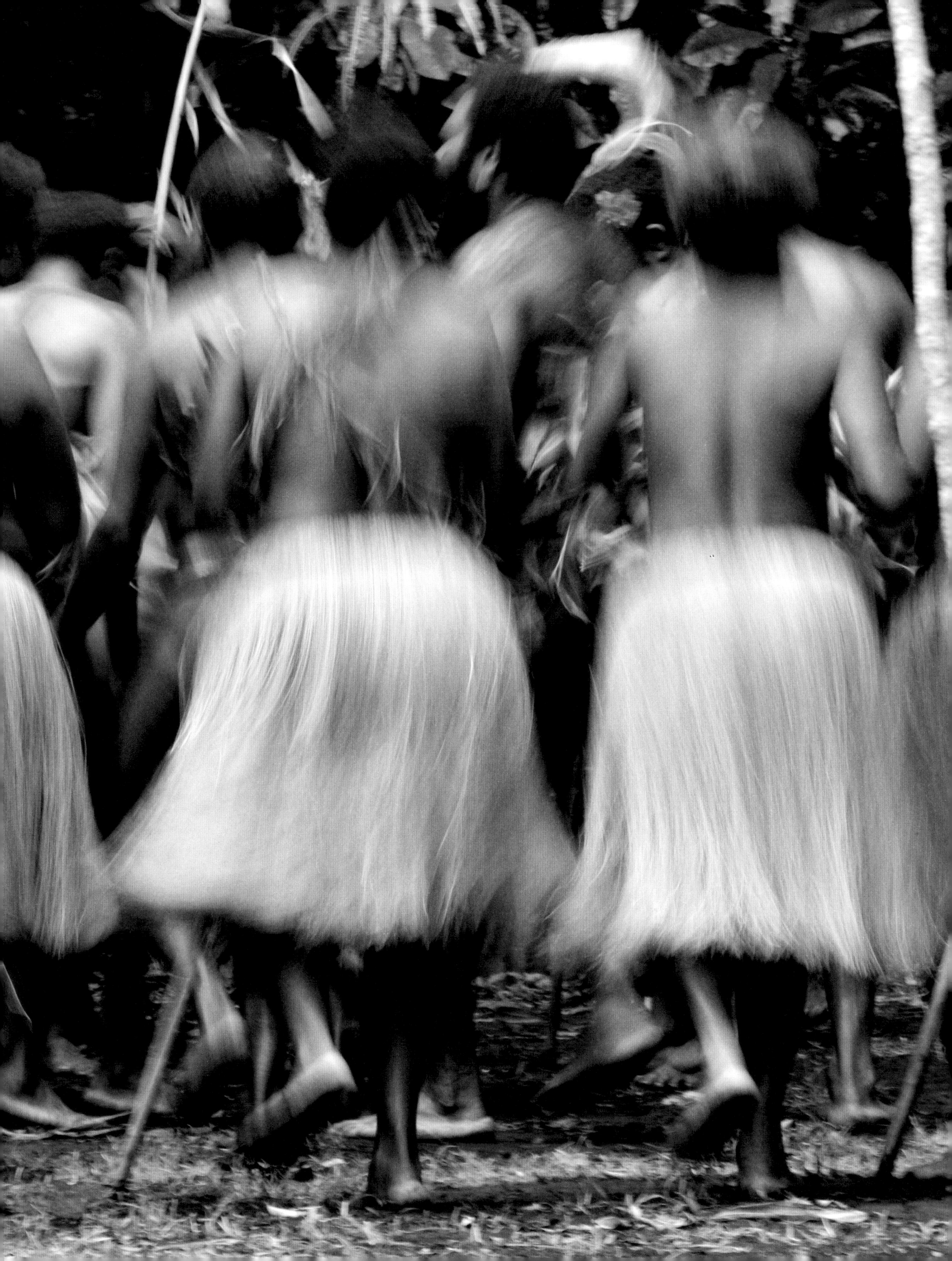

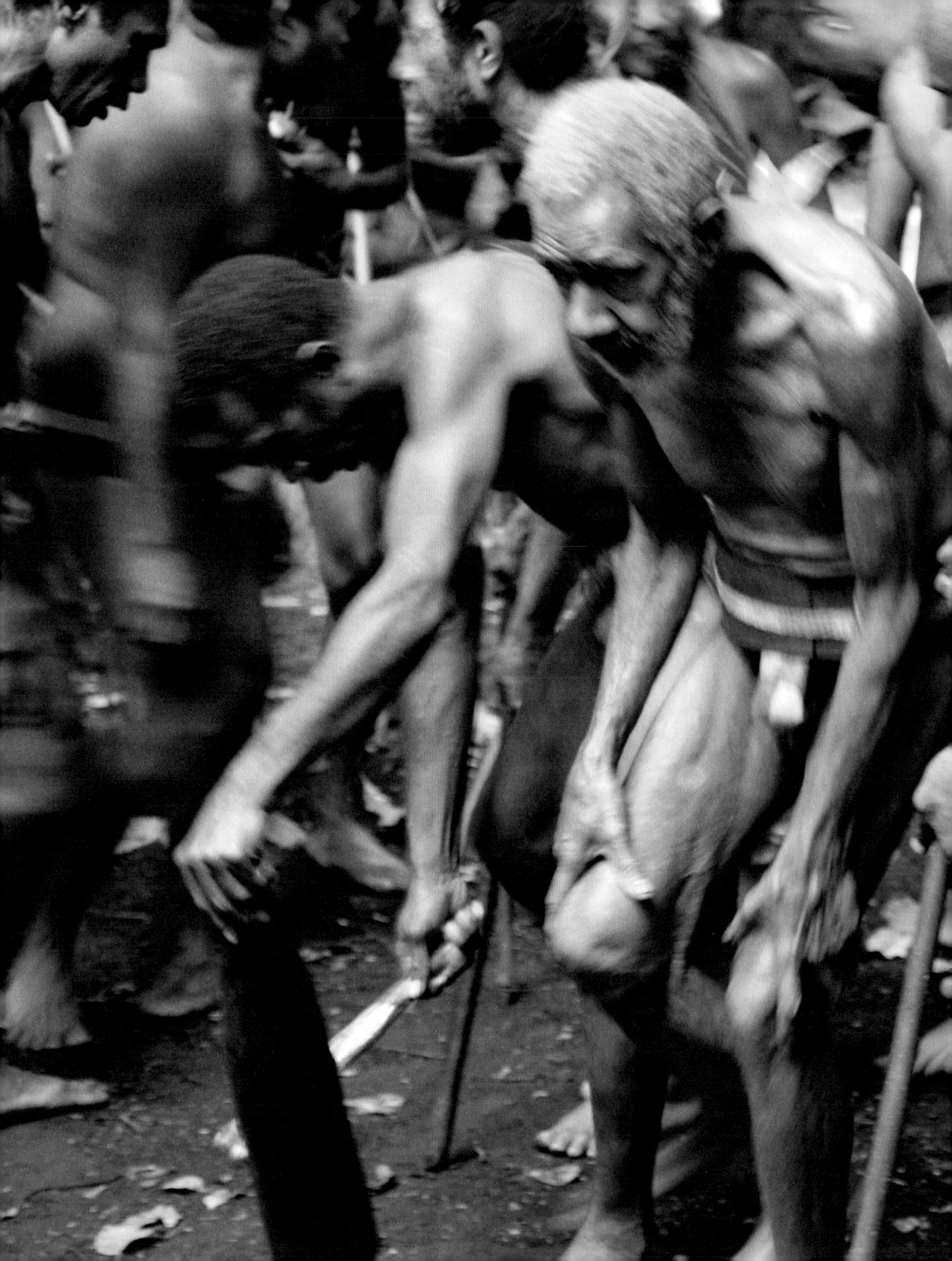

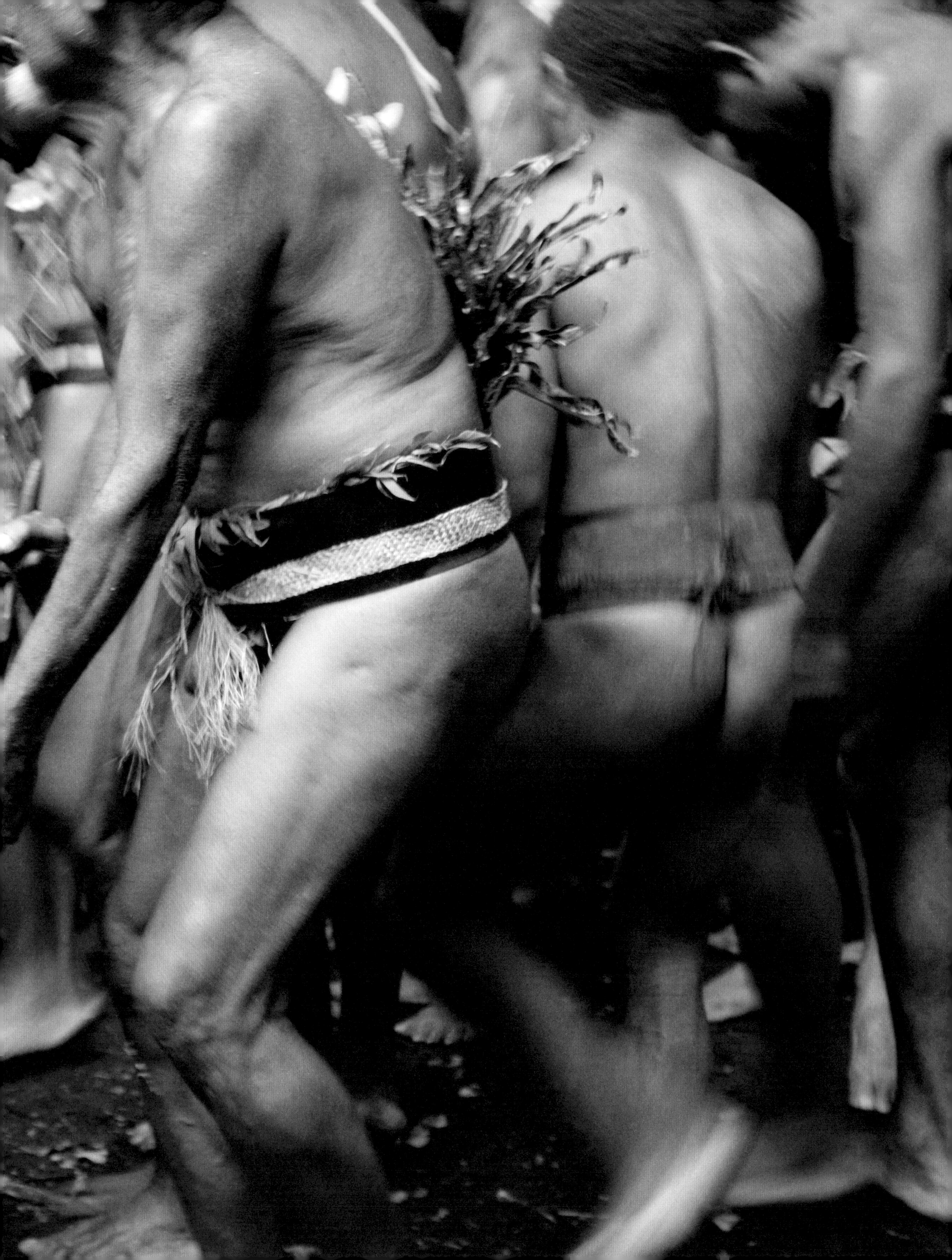

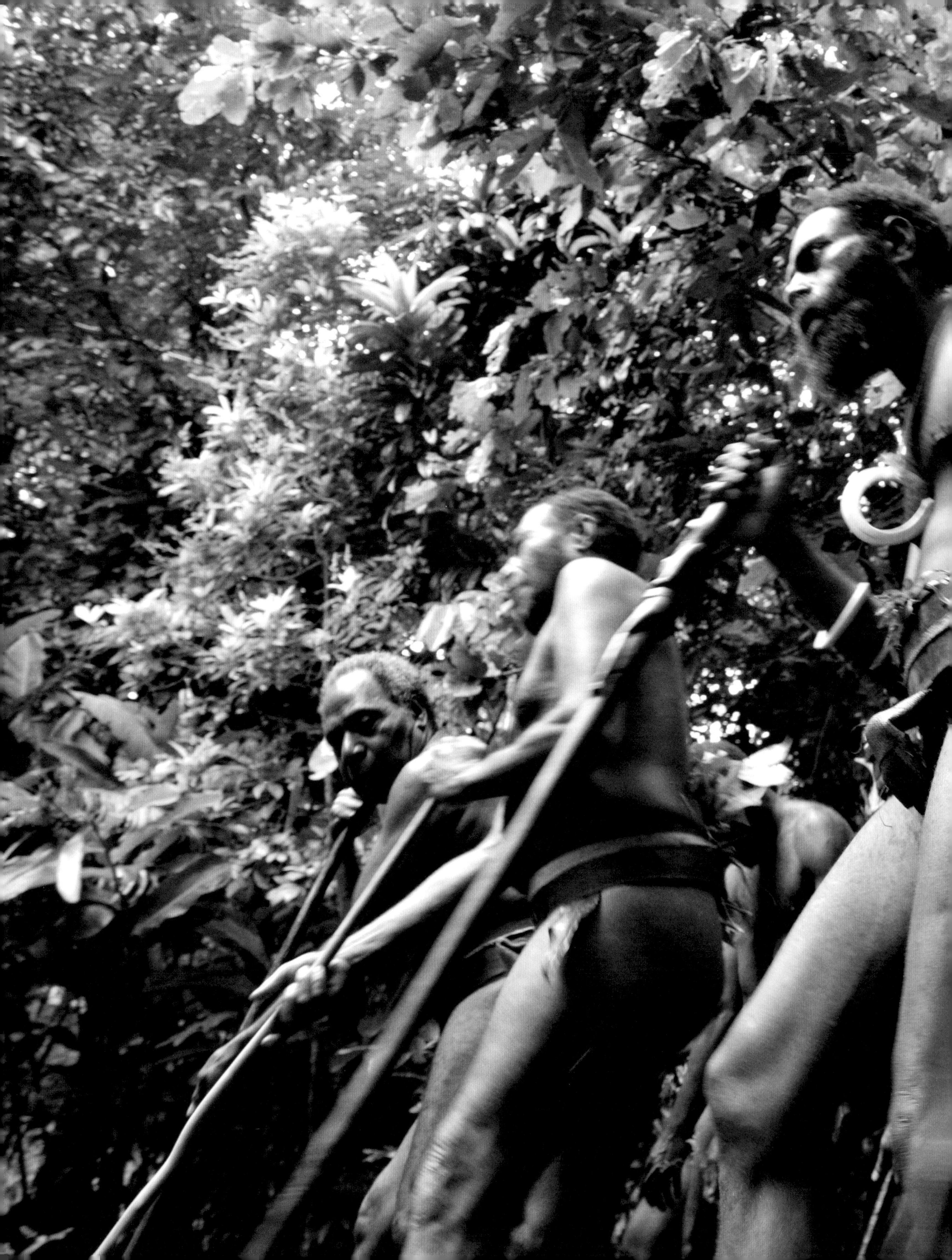

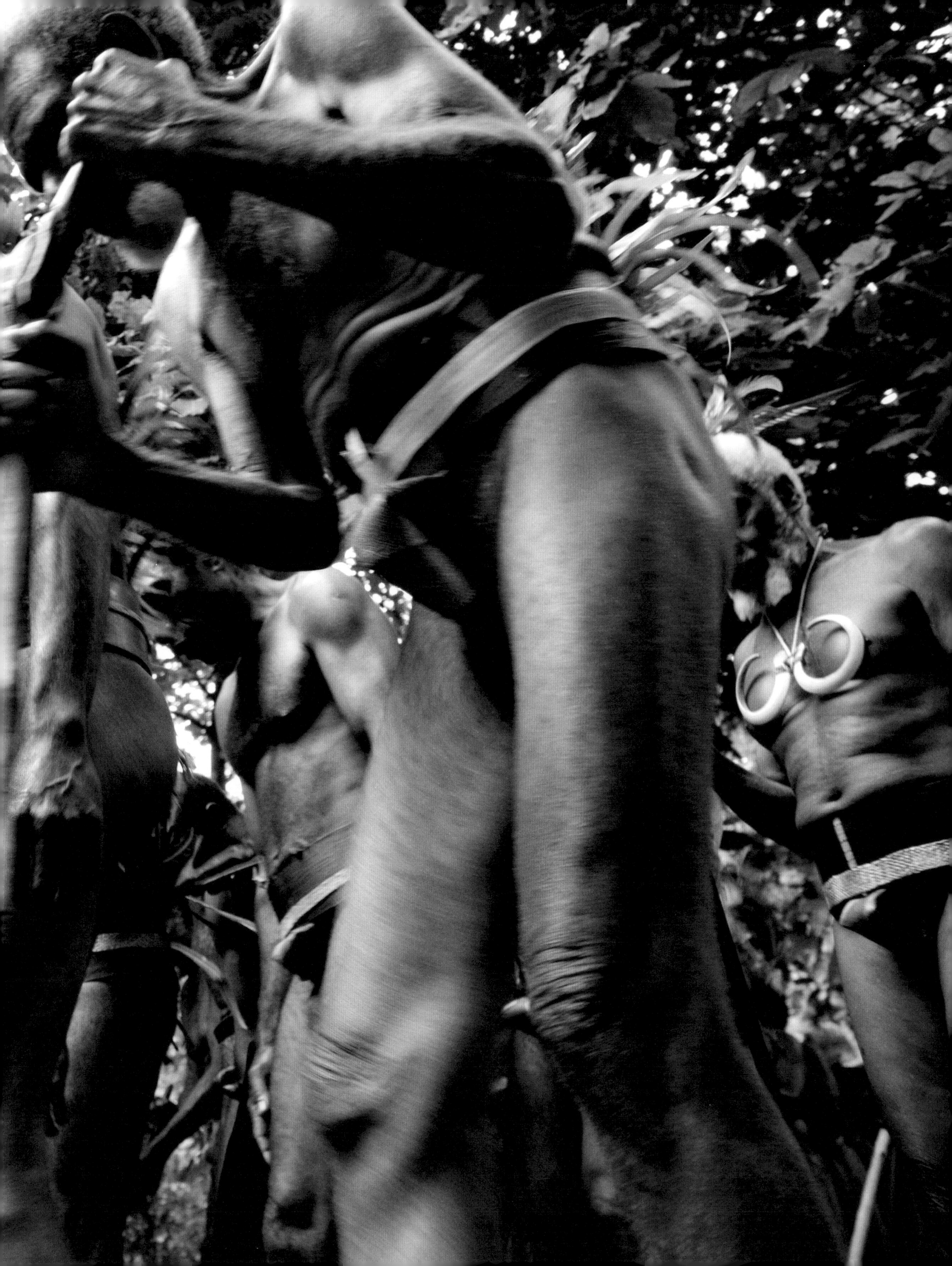

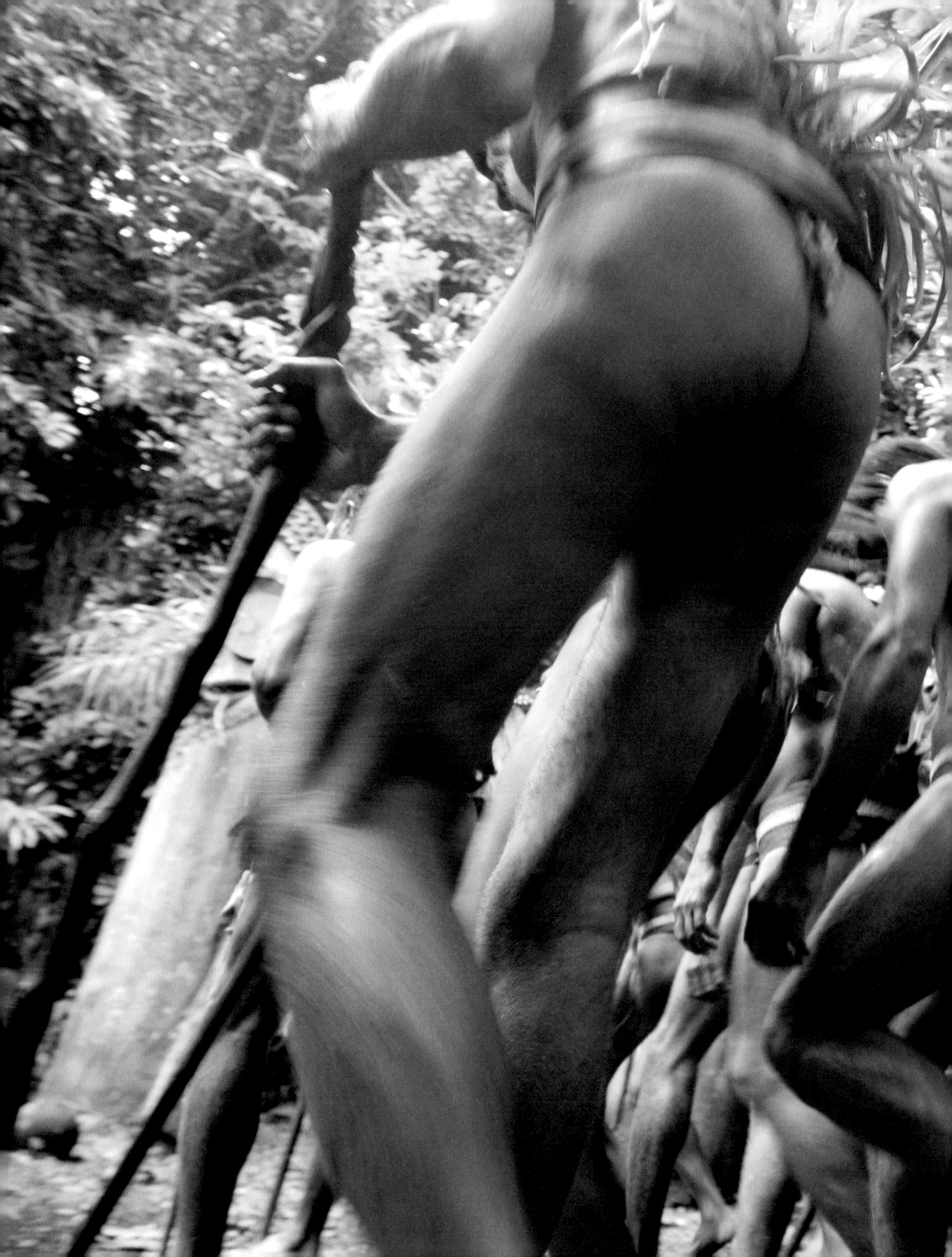

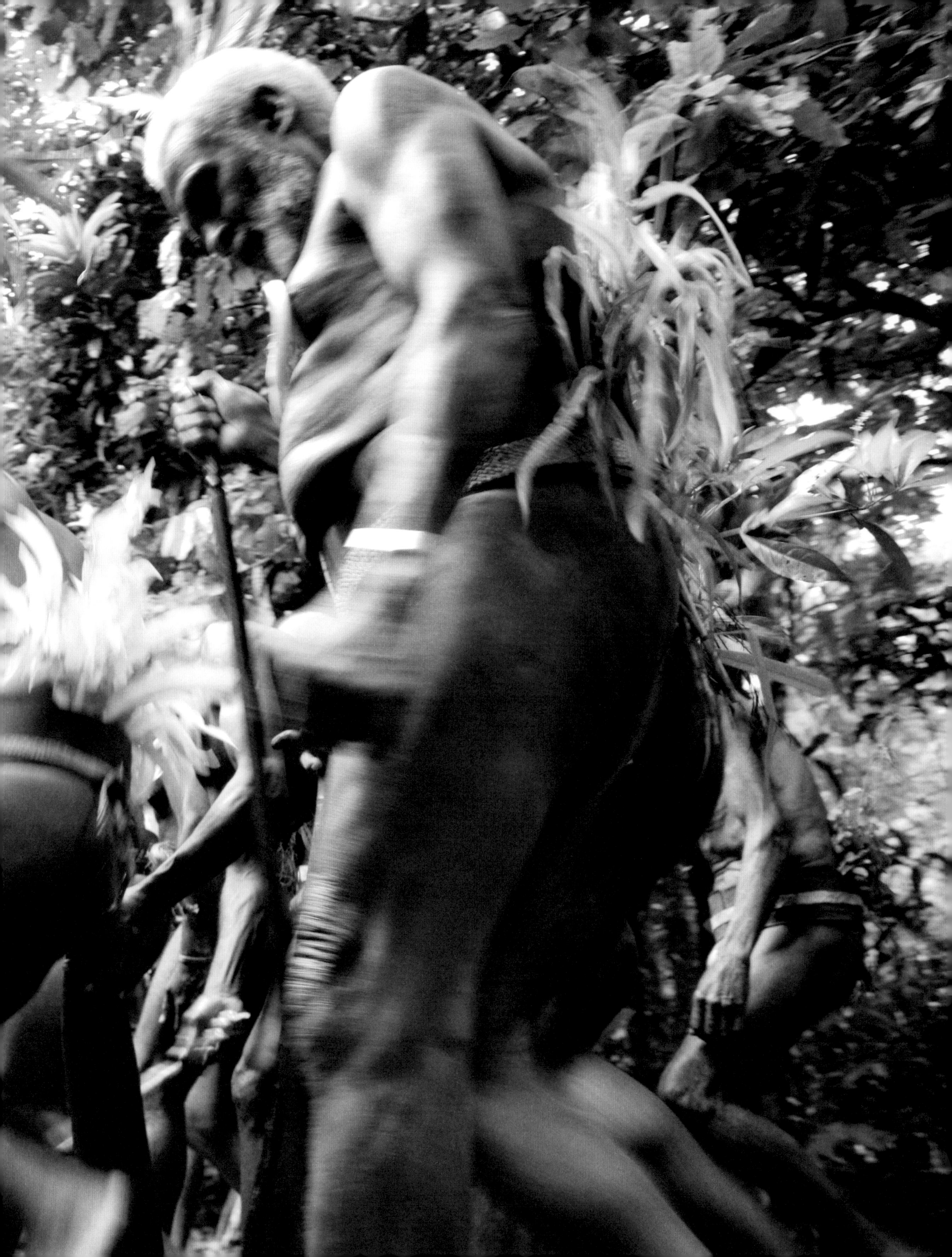

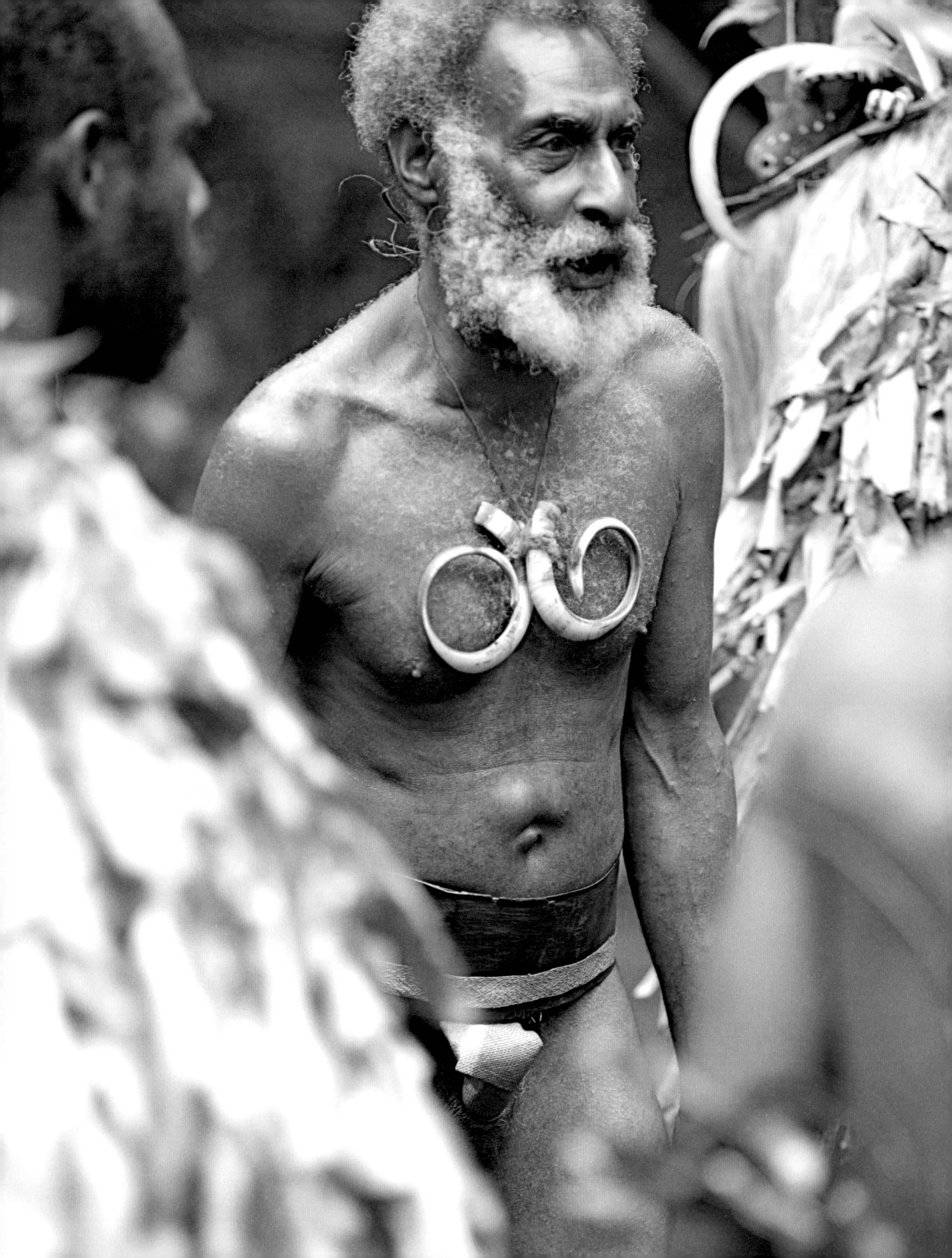

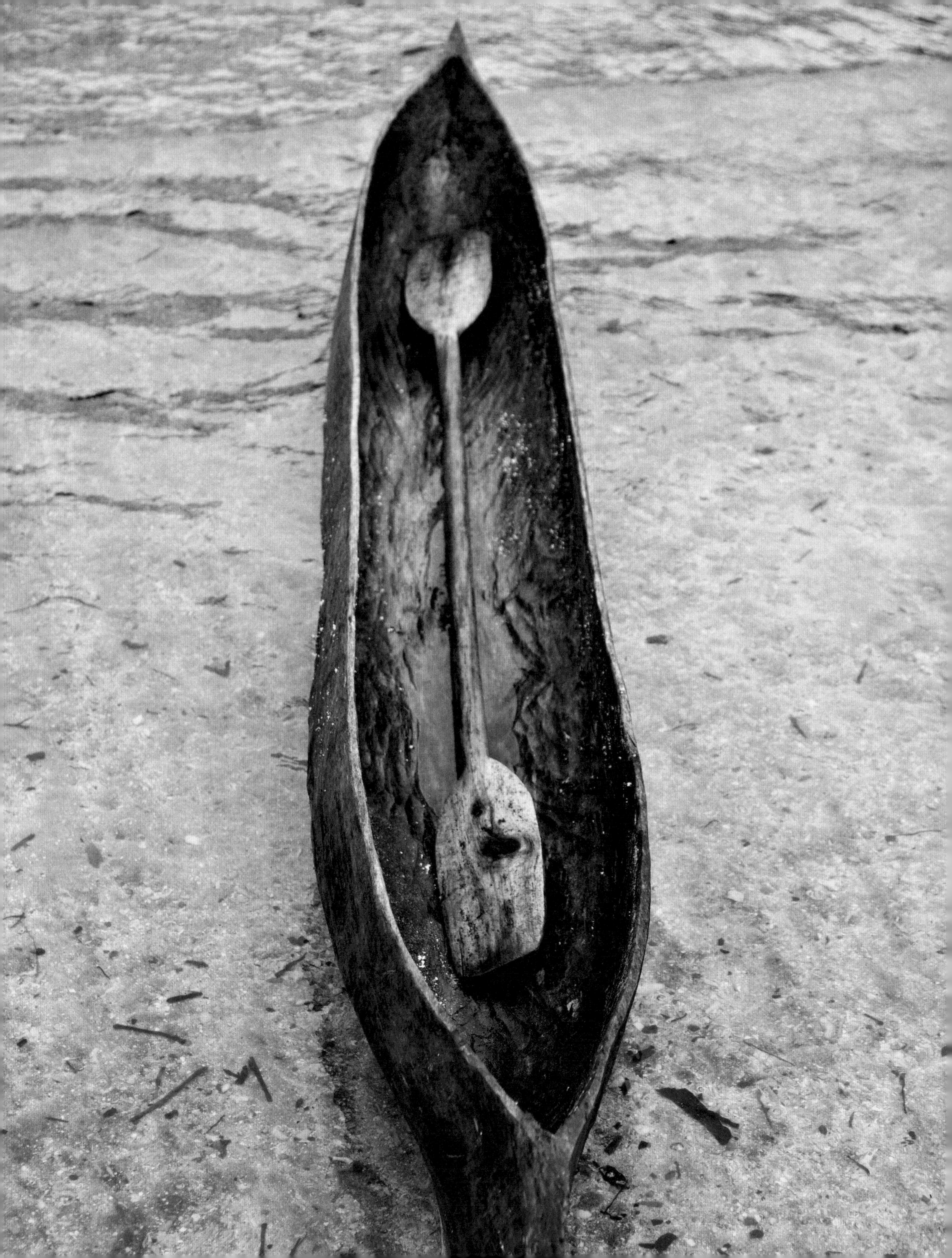

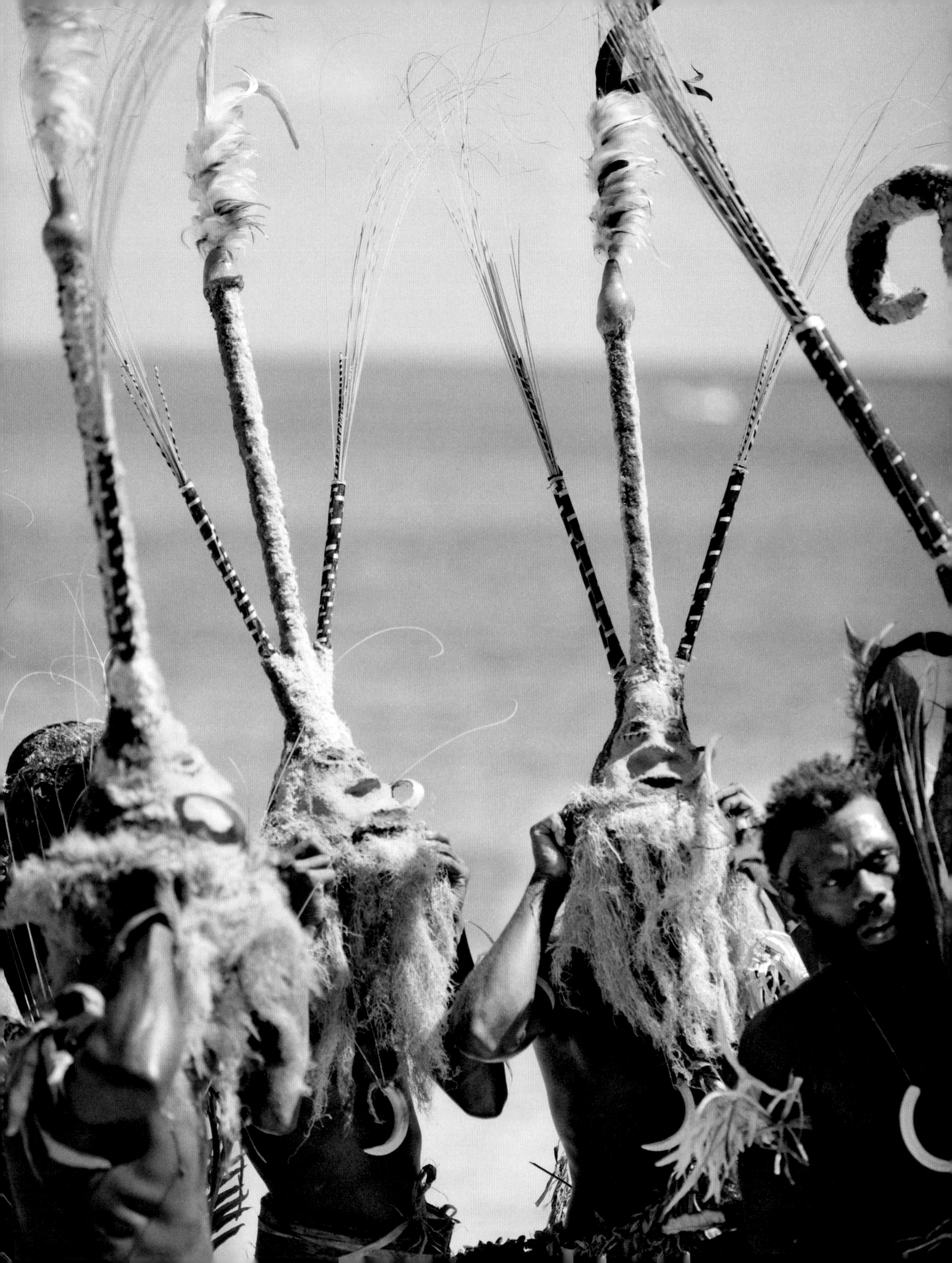

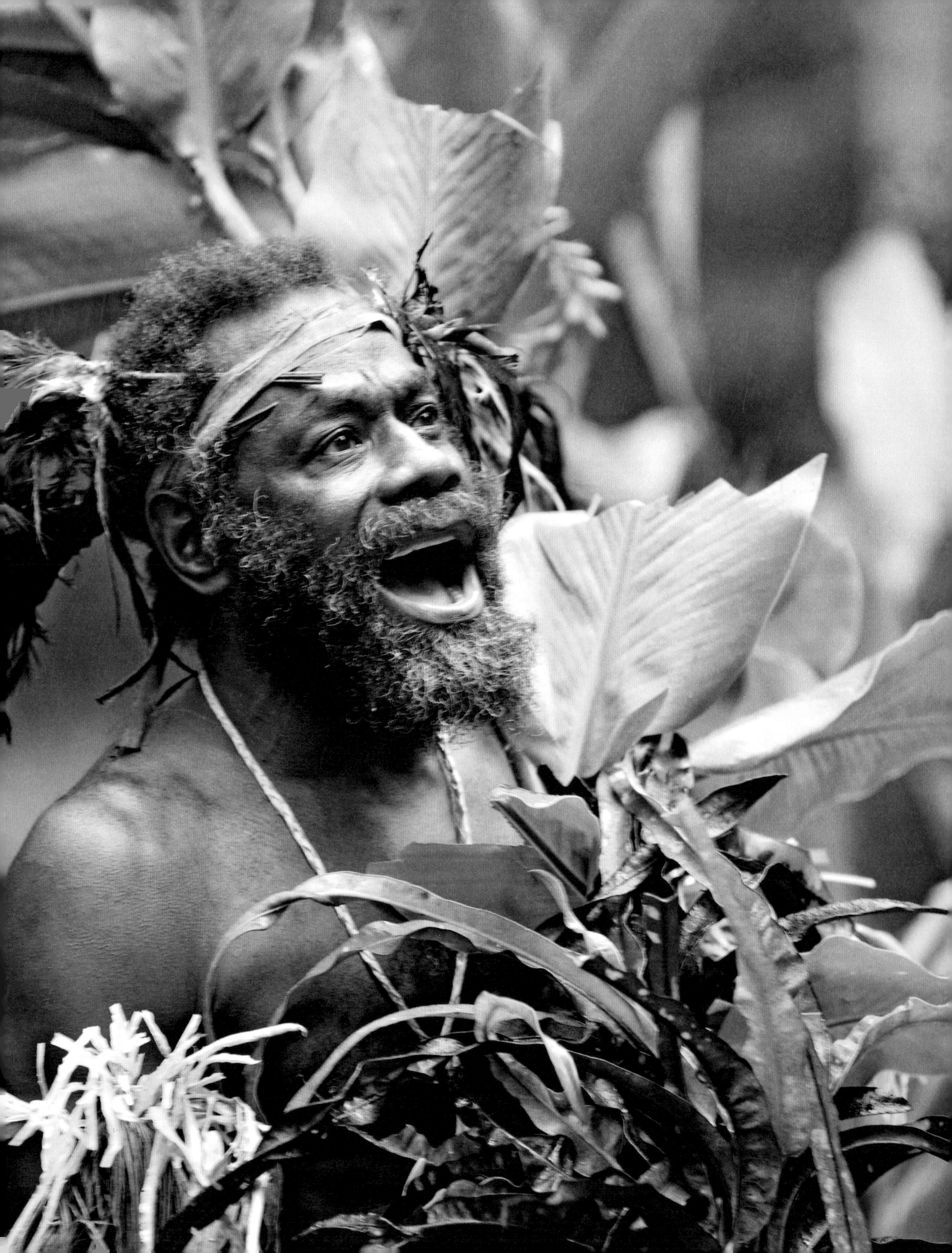

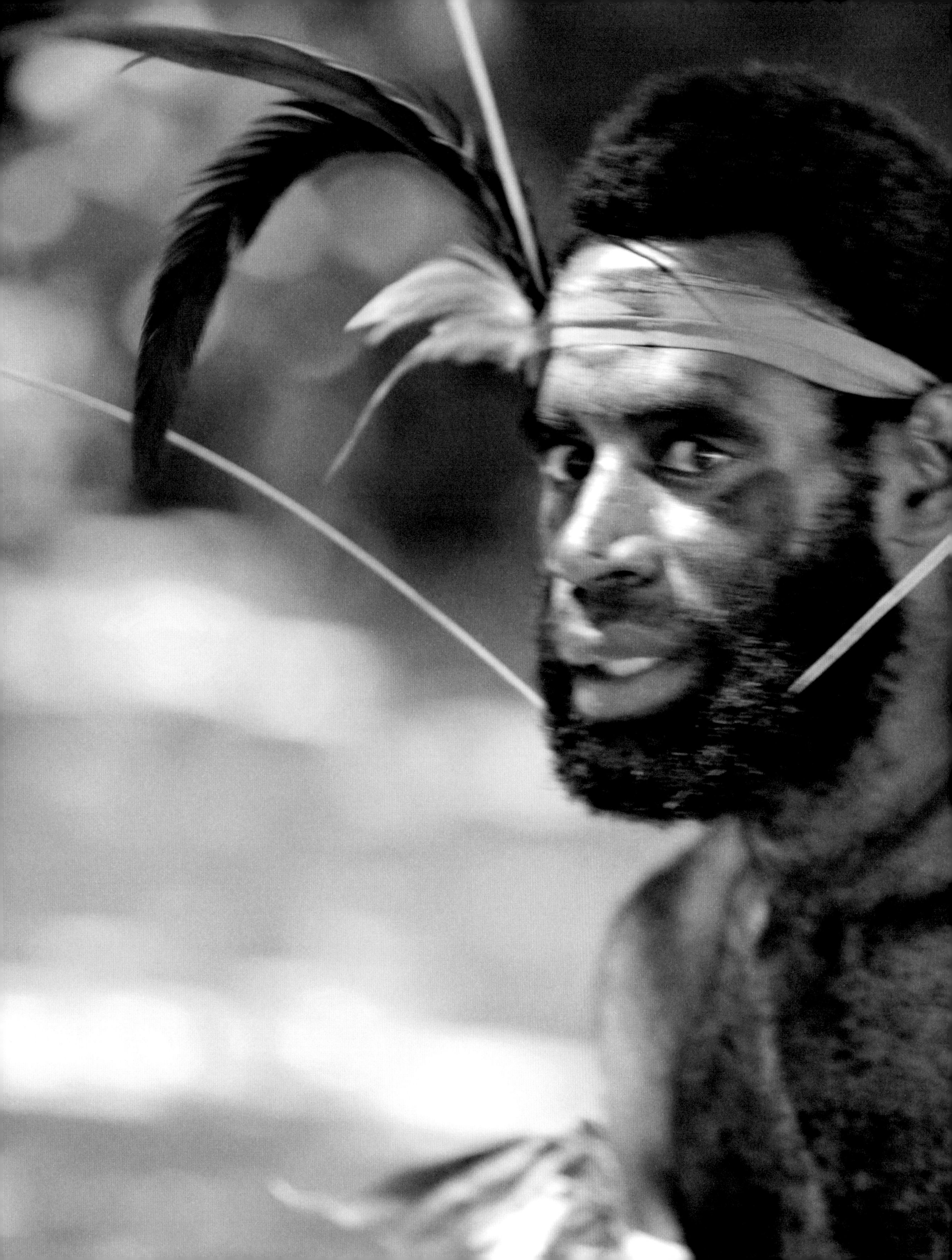

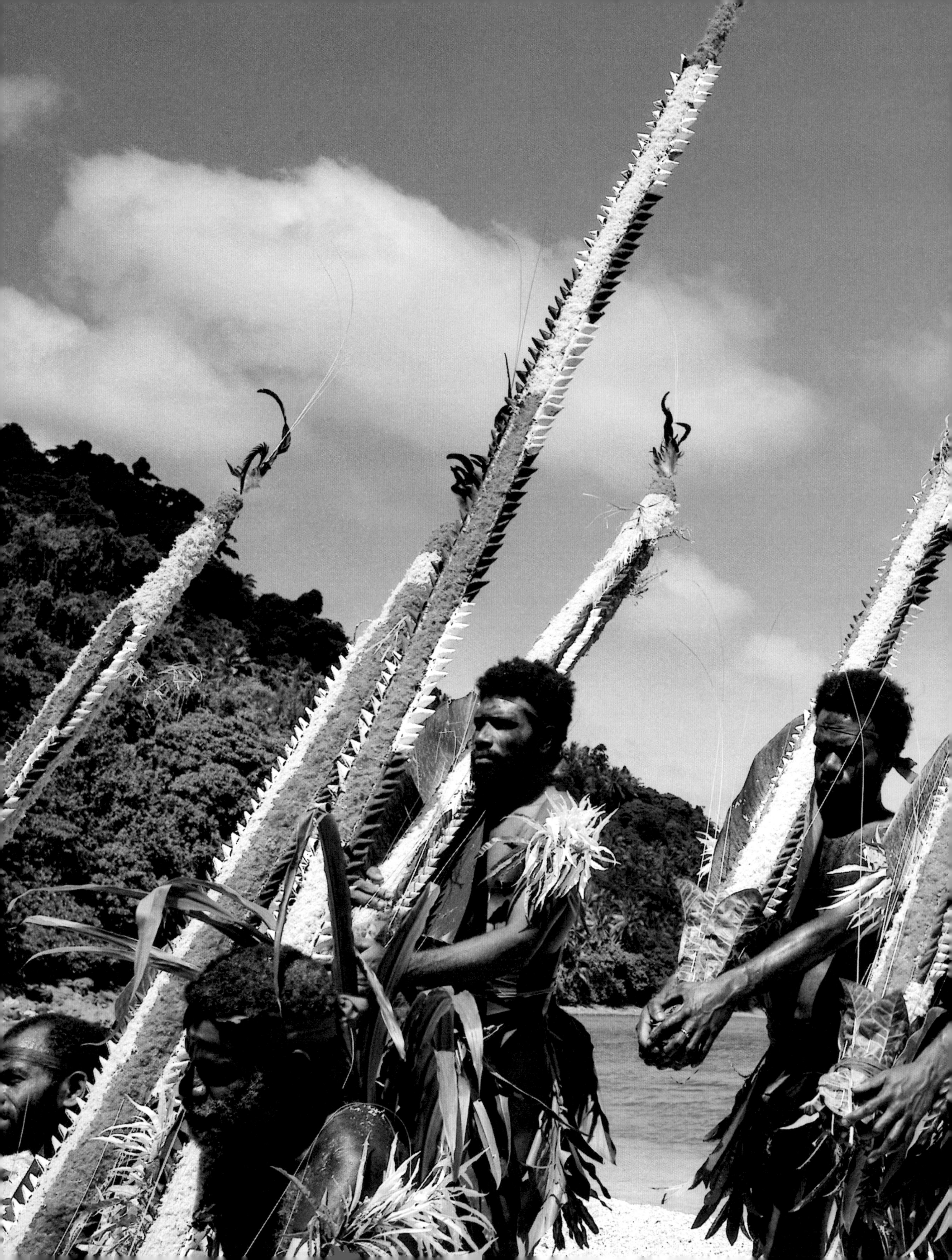

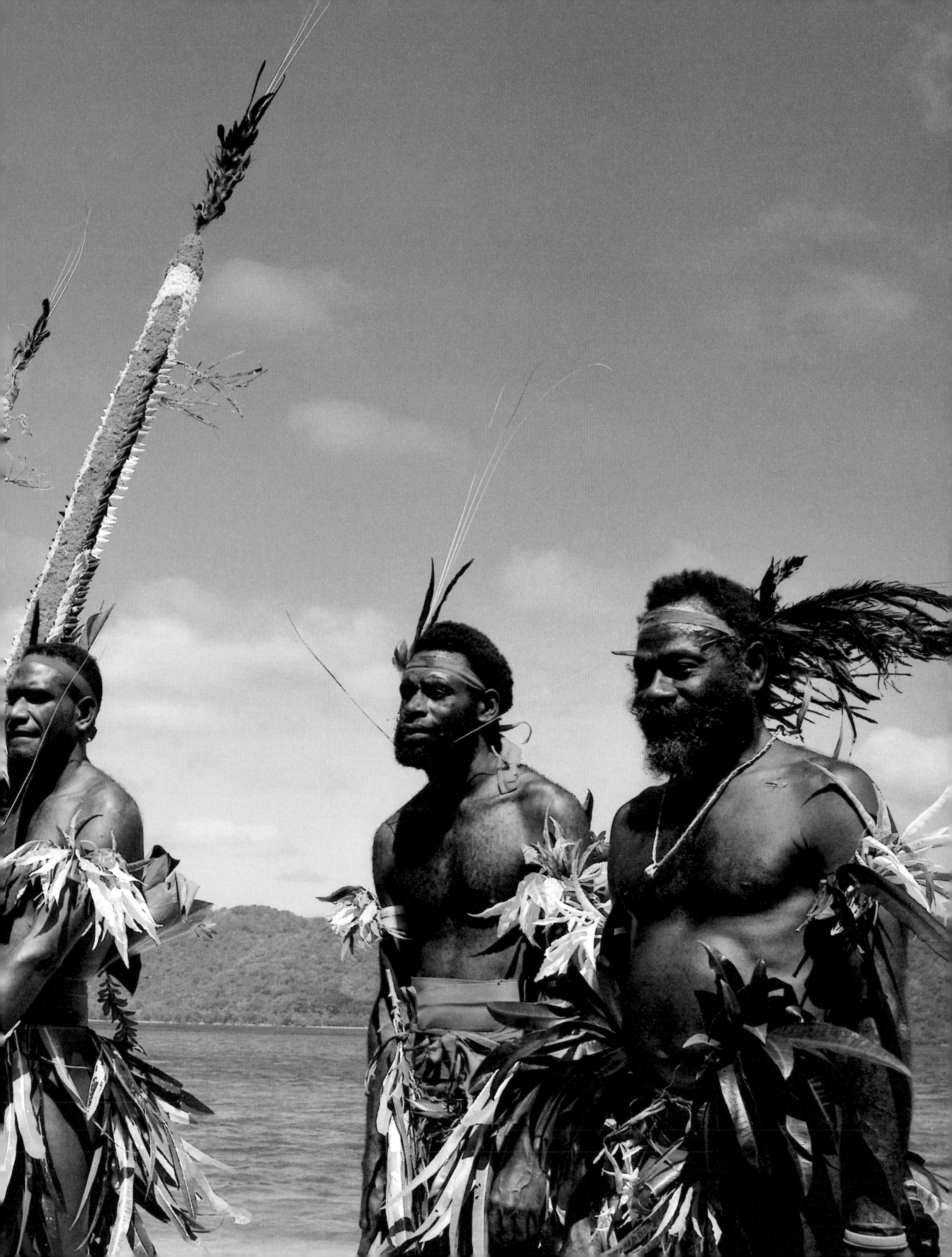

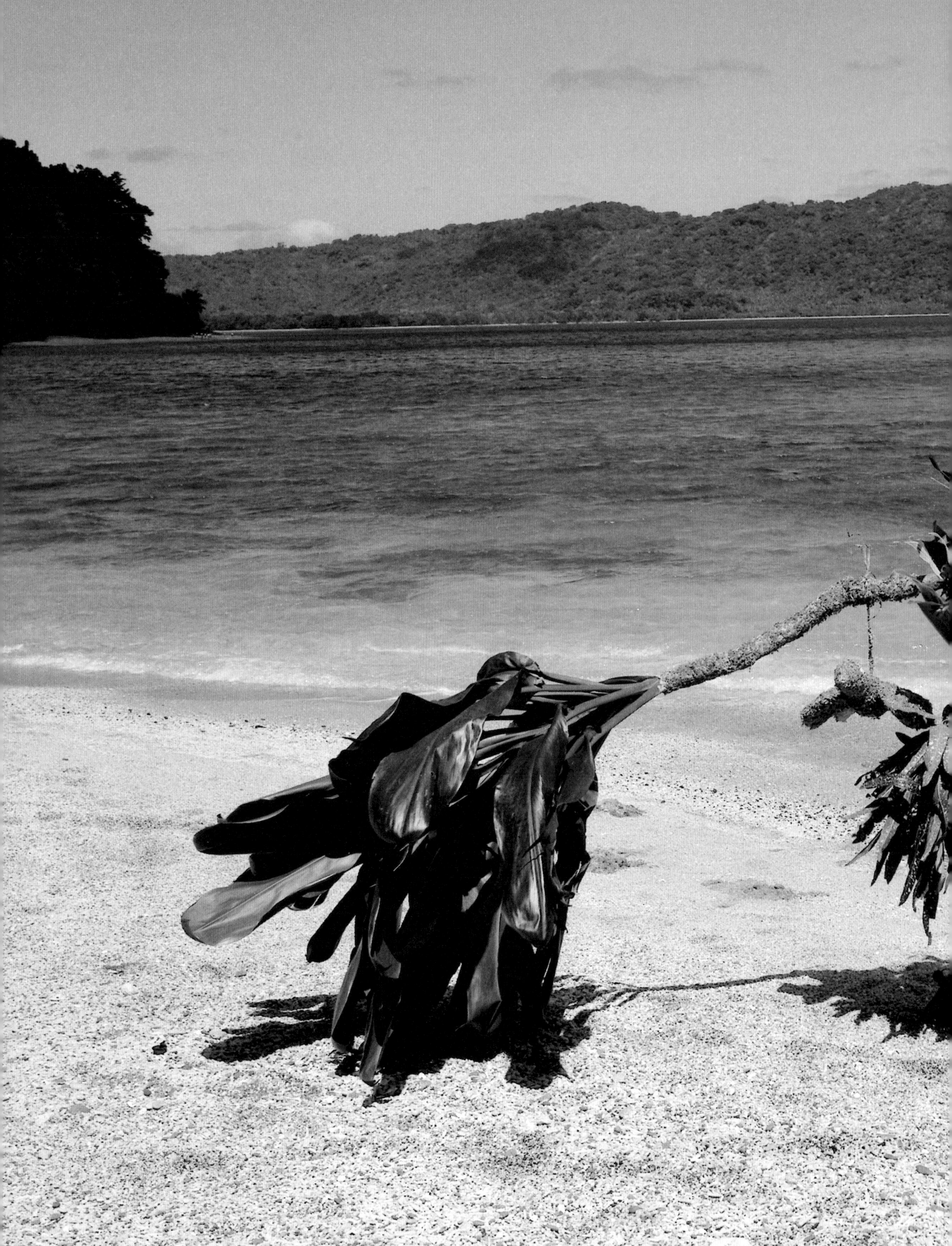

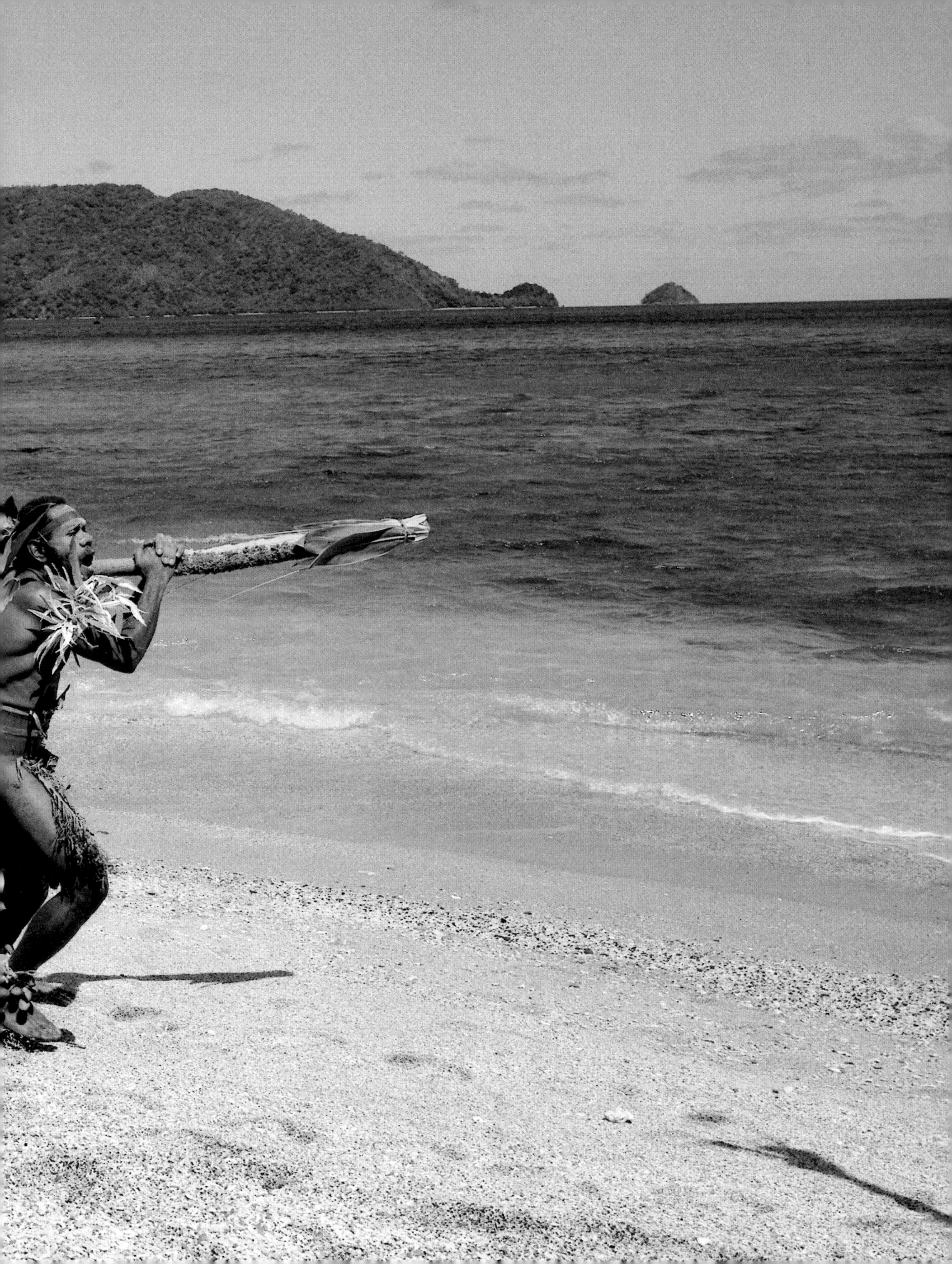

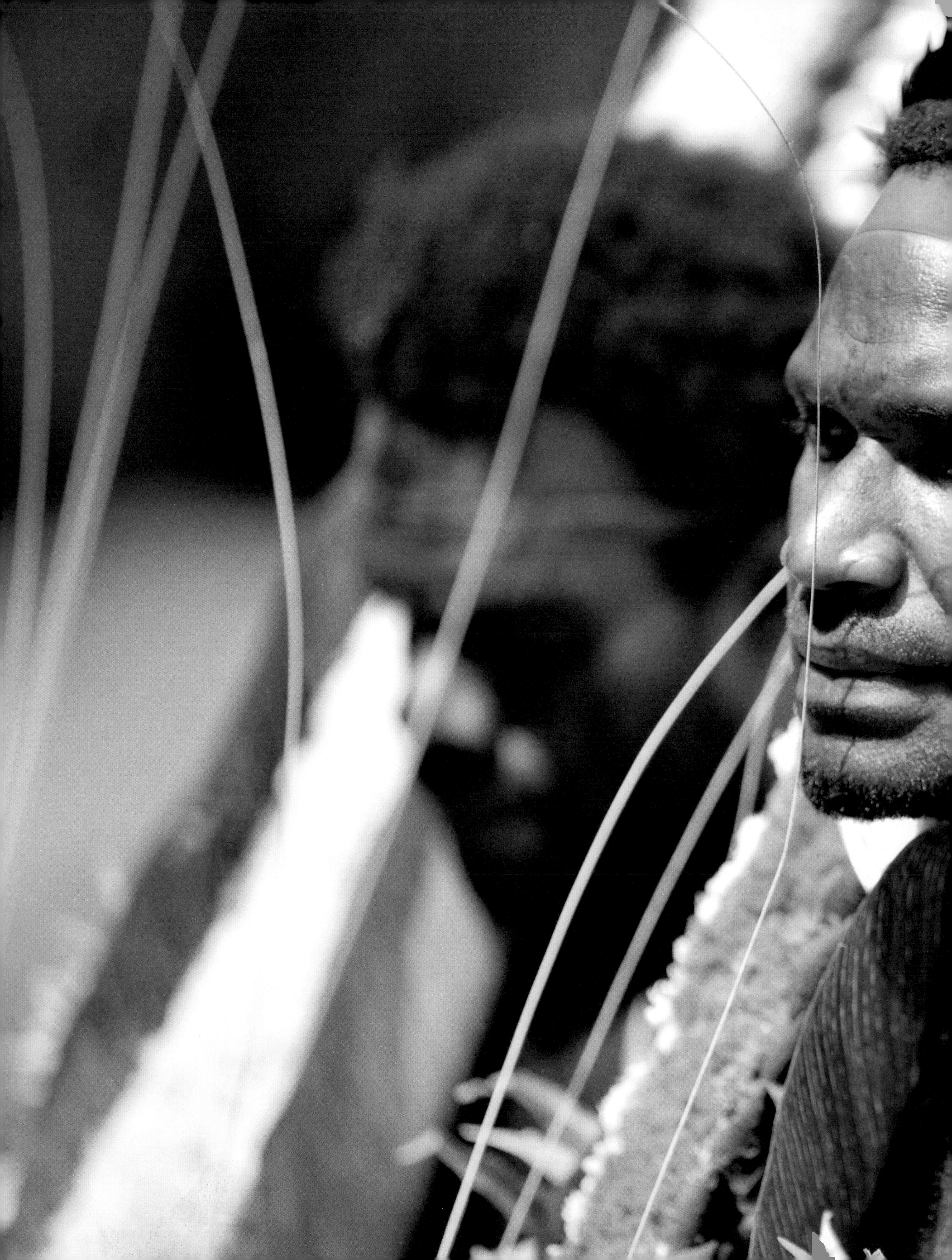

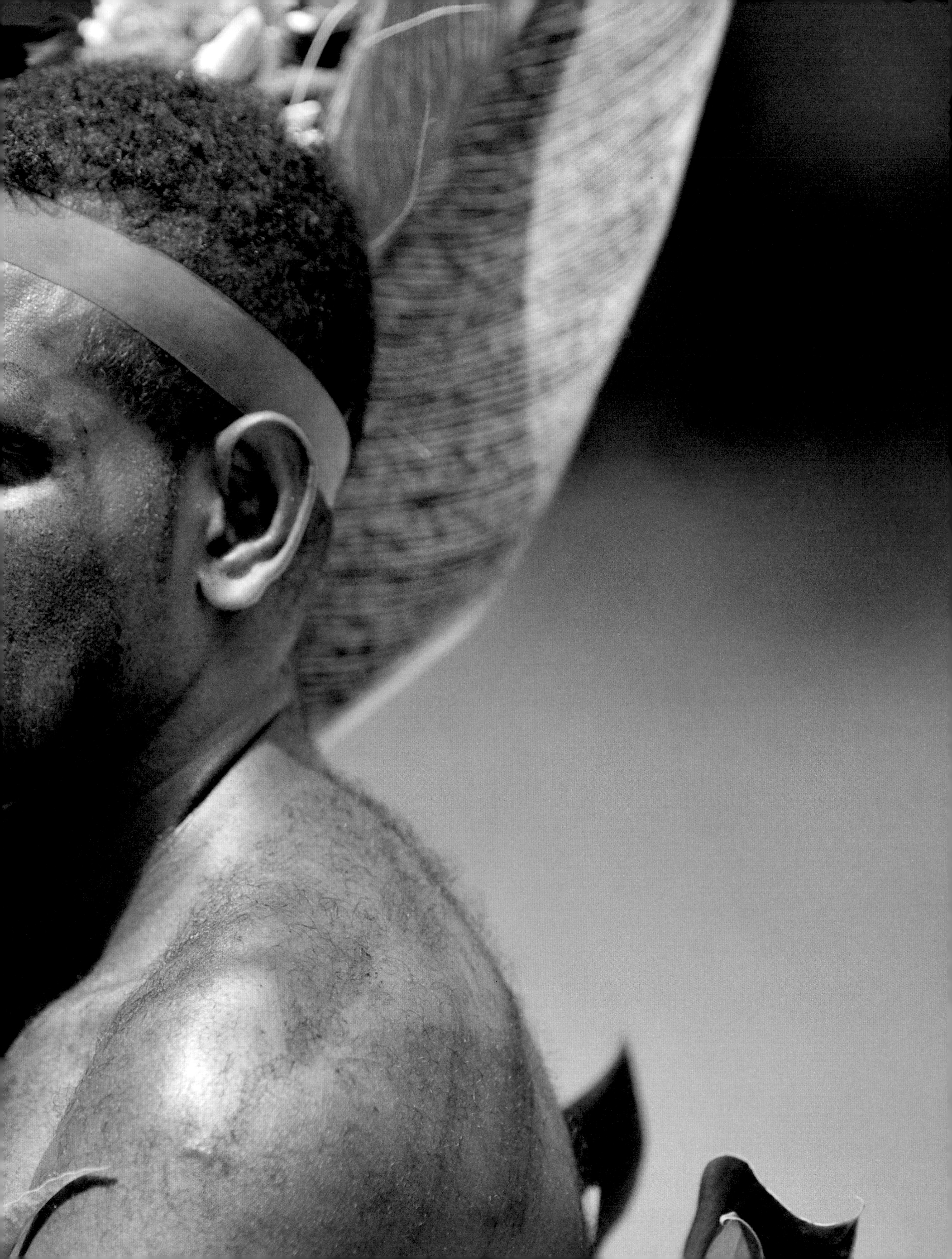

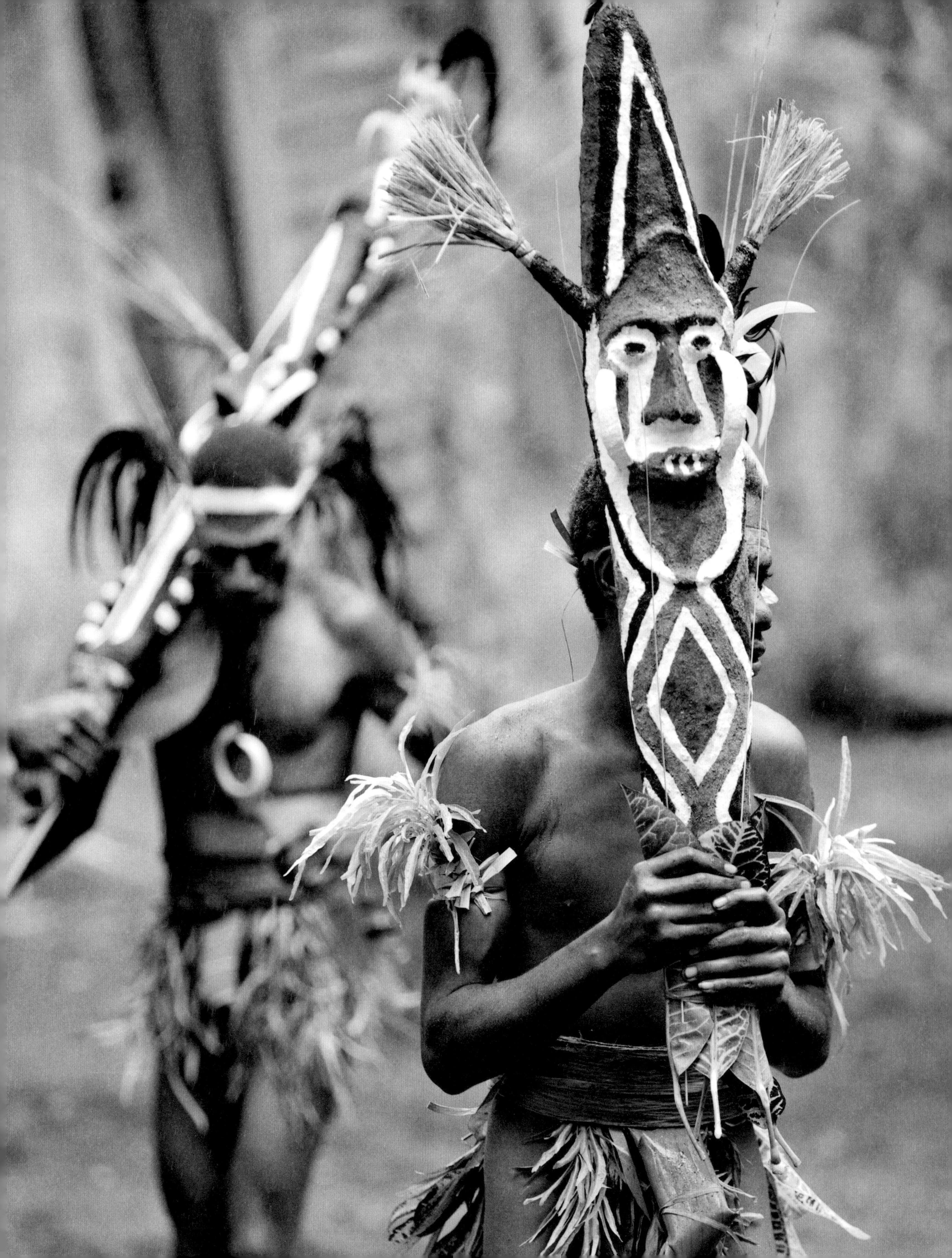

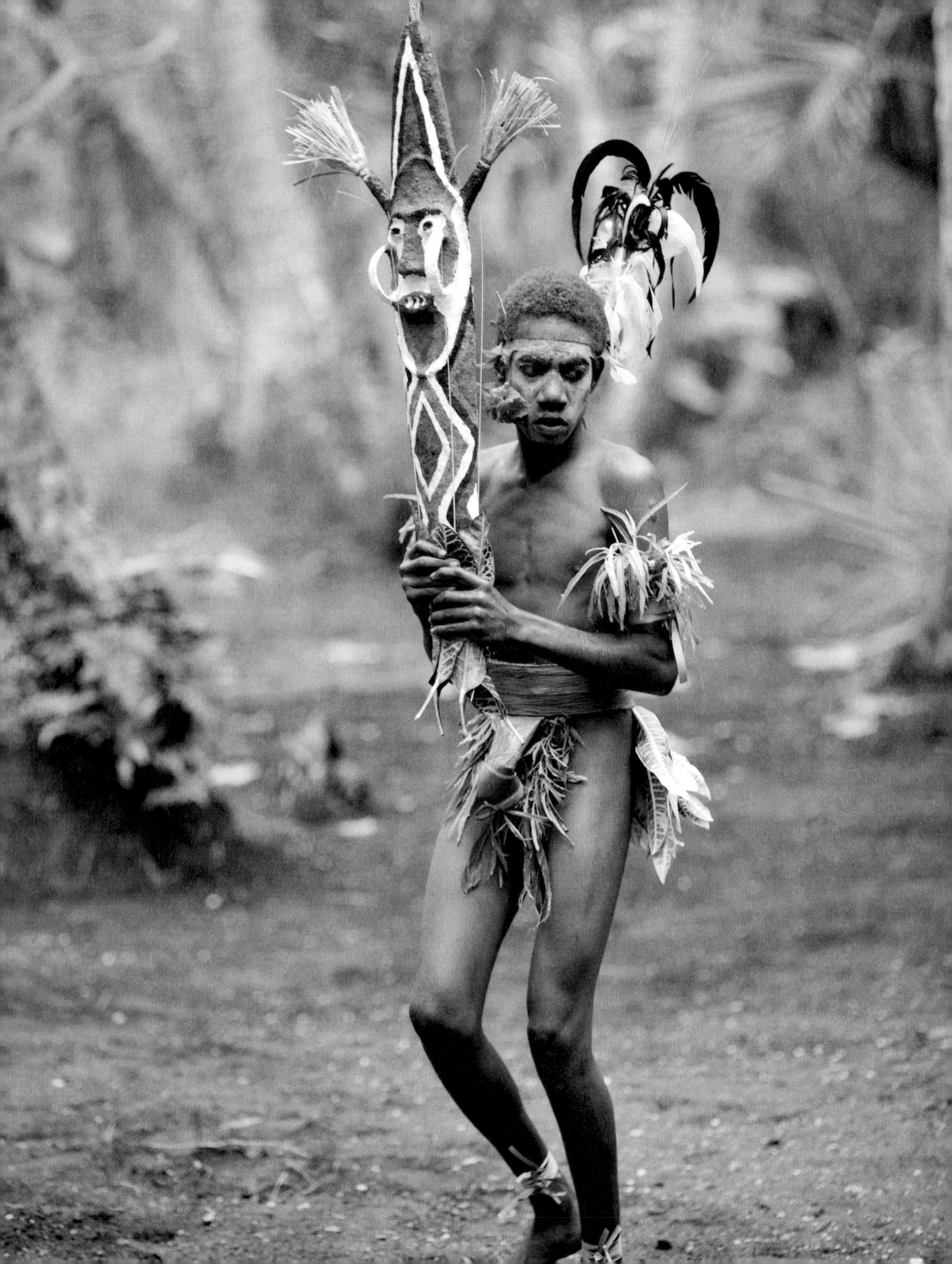

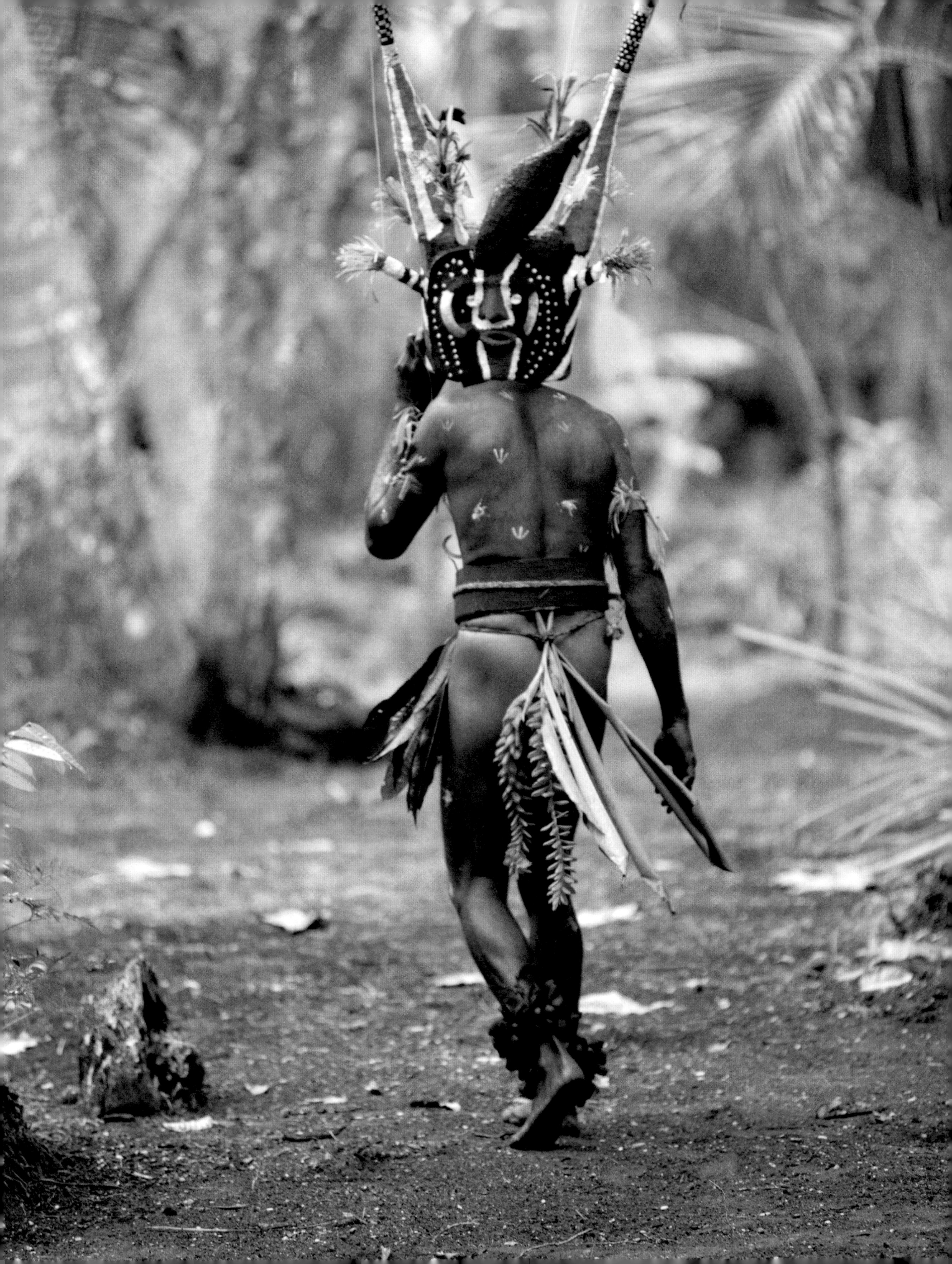

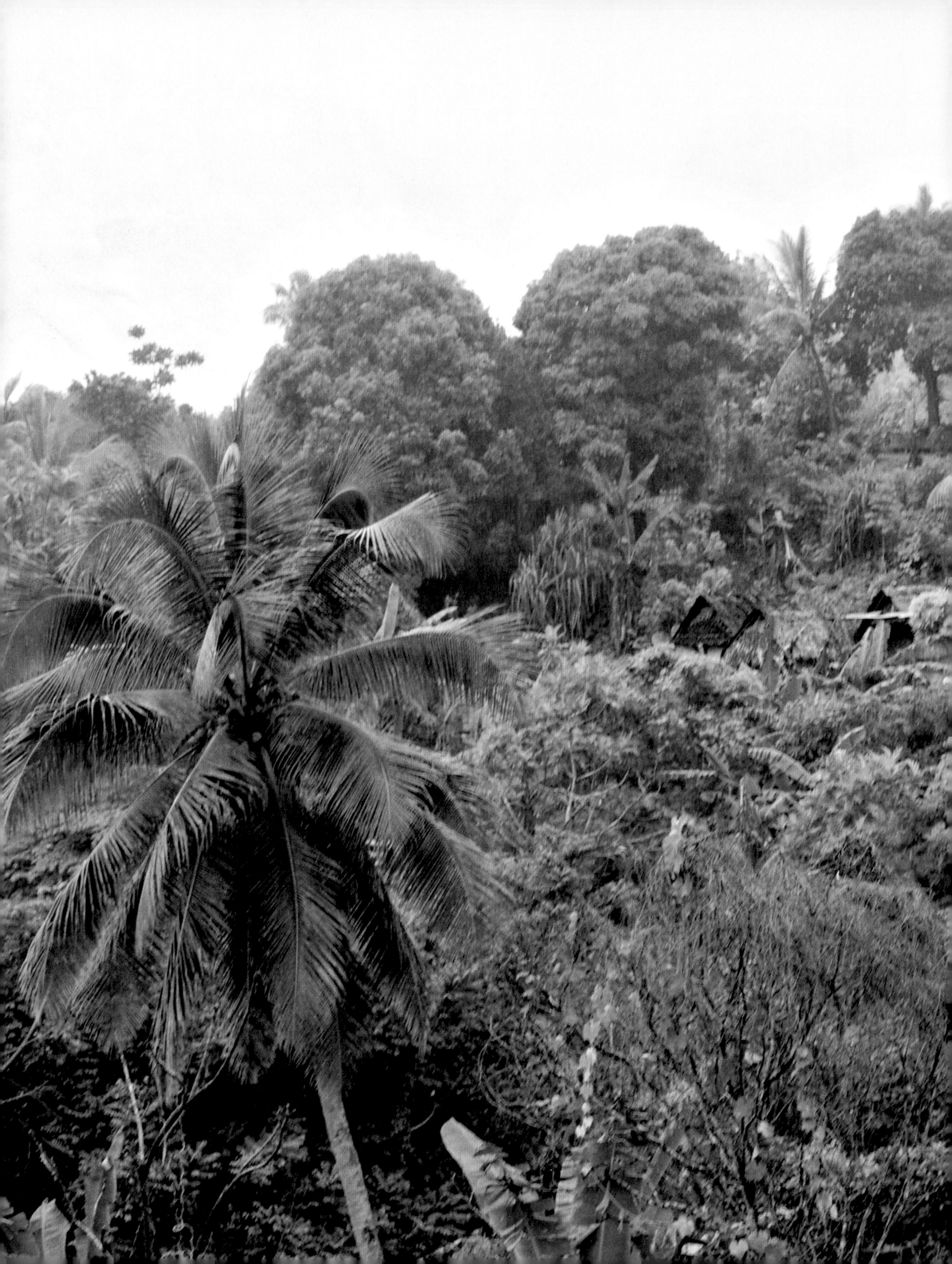

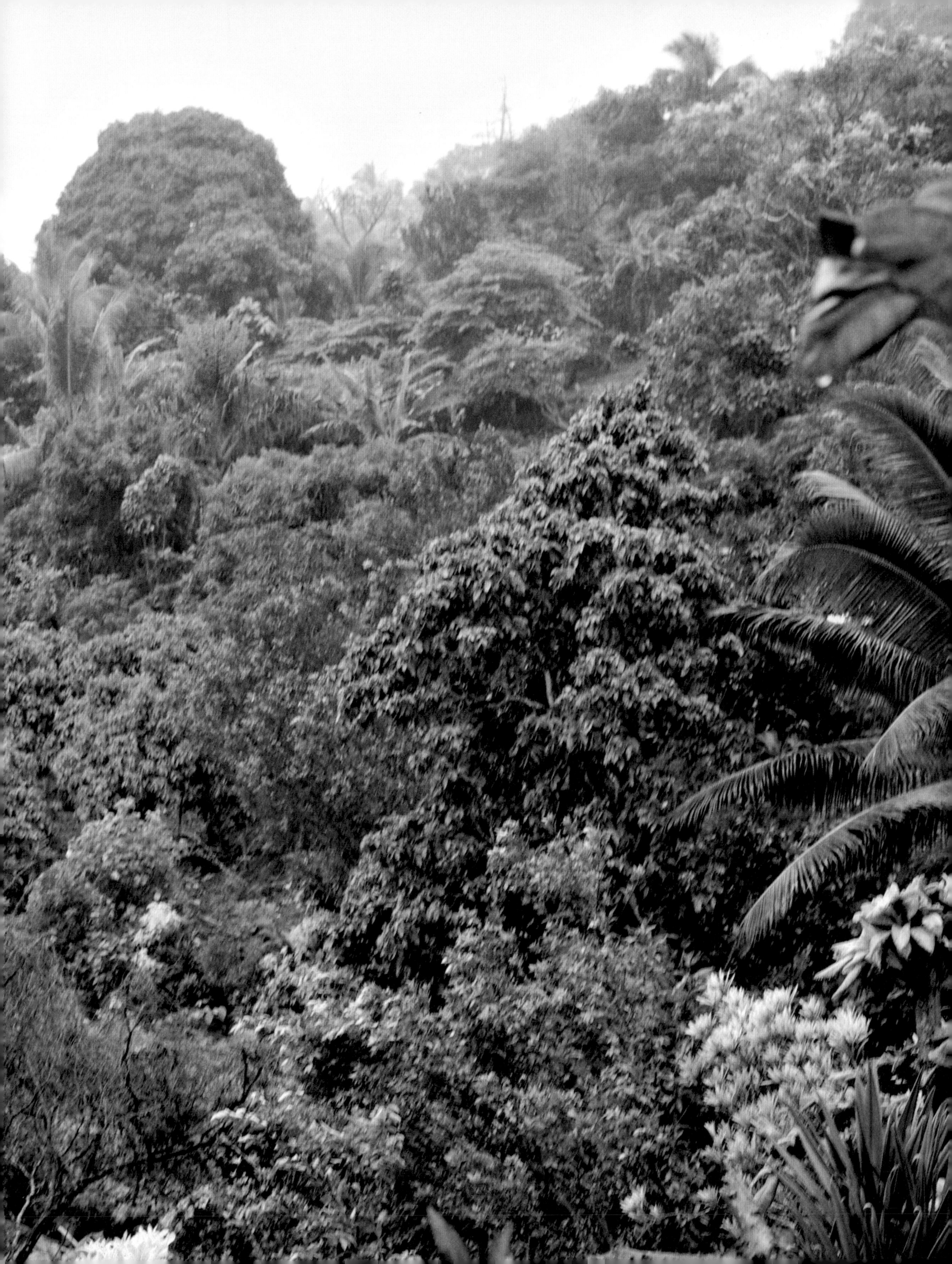

Papua
New Guinea
Australia

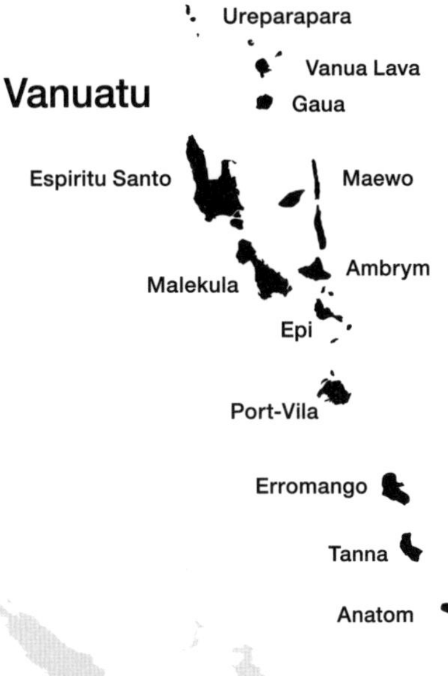

Solomon Islands
New Zealand
Ureparapara
Vanua Lava
Vanuatu
Gaua
Espiritu Santo
Maewo
Ambrym
Malekula
Epi
Port-Vila
Erromango
Tanna
Anatom
New Caledonia
Fiji

Pour mes 7 ans, mon père m'offrit une mappemonde. Il pointa le pays
de ma naissance puis la terre lointaine de nos ancêtres, des étendues
arides aux hivers de glace. Ça ne m'intéressait pas.

Je voulais la mer, je réclamais l'aventure, il me fallait des îles aux
trésors, des cannibales et des pirates bien sûr. J'imaginais le Pacifique,
ses forêts impénétrables, le danger toujours. Je voguais à bord d'un
vaisseau magique, je gagnais toutes les batailles ou presque.

Découvertes en 1606 par le portugais Pedro Fernandes de Queirós,
organisées autour de rites secrets et de danses magiques, les «
Nouvelles Hébrides » devinrent le royaume de mes songes. Seuls
quelques valeureux explorateurs s'y étaient aventurés, dans leurs
malles pourries de sel, des clichés de Big Nambas, de Small Nambas,
des chefs fiers en masques faits de terre et de racines. Mon Père,
amusé par ma fascination, m'encourageait, il fallait aller plus loin,
il s'était documenté, il me contait leurs légendes, j'apprenais leur
histoire, leur rituel qui m'effraie un peu et me tenait éveillé des
nuits entières.

Je grandis, ma passion demeura. En 2008, le hasard me conduit dans
le pacifique sud, au nord de cet archipel, là où enfant, mes songes
m'avaient déjà portés : Epi, Ambrym, Malekula, Espiritu Santo, Gaua,
Ureparapara. J'y retournais en 2009, fort de quelques rencontres
et heureux de retrouver les villages où un lien s'était tissé lors du
précédent voyage.

Fondées sur une hiérarchie de plus de dix grades, les Vanuatais
comptent aujourd'hui presque 300'000 âmes, réparties sur 83 îles, et
divisées en tribus culturellement et linguistiquement très variées. Les
hommes portent l'étui pénien, les femmes se couvrent d'habits de
feuilles. Selon qu'ils vivent cachés dans la forêt ou sur le littoral, ils cul-
tivent l'igname, quelques légumes et pêchent au harpon. Les pirogues
à balanciers dotées de voiles de feuilles leur permettent, si nécessaire,
de rejoindre les îles voisines. Le cochon, signe de richesse, objet
d'échange et de sacrifice durant les cérémonies, est élevé et vénéré
pour ses dents qui ornent le torse des chefs. Les jeunes hommes lors
d'un rite initiatique ayant cours au moment de la récolte d'igname, se
jettent du haut d'une tour de bois, les chevilles nouées par des lianes,
pour le fameux saut du Gol.

Les images de ce livre ont été prises par un petit garçon de 55 ans,
émerveillé par la découverte d'un peuple aux traditions pérennes,
à l'accueil chaleureux mais veillant d'un soin jaloux à préserver
ses secrets. Ces secrets, je n'ai jamais tenté de les percer, ils
lui appartiennent.

For my seventh birthday, my father gave me a world globe. He pointed to the country of my birth and then to the distant land of our ancestors, from arid expanses to icy winters. I wasn't interested.

I wanted the sea, I wanted adventure; I needed treasure islands, cannibals and pirates of course. I imagined the Pacific, its impenetrable forests, being in permanent danger. I sailed aboard a magic ship, I won every battle or almost every one.

Discovered in 1606 by the Portuguese Pedro Fernandes de Queirós, organized around secret rites and magical dances, the "New Hebrides" became the kingdom of my dreams. Only a few valiant explorers had ventured there, in their trunks rotting with salt, clichés of the Big Nambas and the Small Nambas, of proud chiefs in masks of earth and root. My father, amused by my fascination, encouraged me. It was necessary to go further, he had informed himself, he told me their legends. I learned their history, their rituals that frightened me a little and kept me awake all night long.

I grew up, my passion remained. In 2008, chance led me to the South Pacific, north of this archipelago, where, as a child, my dreams had already taken me: Epi, Ambrym, Malekula, Espiritu Santo, Gaua, Ureparapara. I returned there in 2009, strengthened by a few encounters and happy to find the villages where a bond had been forged during the previous trip.

Founded on a hierarchy of more than ten grades, the Vanuatu people today number almost 300,000 souls, spread over 83 islands, and divided into tribes culturally and linguistically very diverse. The men wear a penis sheath, the women cover themselves with clothes made of leaves. Depending on whether they live hidden in the forest or on the coast, they grow yams, some vegetables, and fish with harpoons. The outrigger canoes equipped with sails of leaves allow them, if necessary, to reach the neighboring islands. The pig, a sign of wealth, object of exchange and sacrifice during ceremonies, is raised and venerated for its teeth, which decorate the chiefs' torsos. The young men, during an initiatory rite that takes place at the time of the yam harvest, throw themselves from the top of a wooden tower, their ankles tied with lianas, for the famous jump of the Gol.

The images in this book were taken by a little boy of 55 years old, amazed by the discovery of a people with perennial traditions, with a warm welcome but taking care to preserve its secrets. I have never tried to pierce these secrets; they belong to them.

Mes remerciements vont à
Yasmina, pour sa complicité et son soutien ;
mes enfants, qui savent ce que liberté veut dire ;
ainsi qu'à Erol et Alex, qui m ont accompagné sur le chemin de ce livre.

My thanks go to
Yasmina, for her complicity and support;
my children, who know what freedom means;
and to Erol and Alex, who accompanied me on the path to this book.

First edition published in 2020

Photo editor: Alexandre Medawar
Book design: Steidl Design
Separations by Steidl image department
Production and printing: Steidl, Göttingen

Steidl
Düstere Str. 4 / 37073 Göttingen, Germany
Phone +49 551 49 60 60
mail@steidl.de
steidl.de

ISBN 978-3-86930-258-4
Printed in Germany by Steidl